한 번 읽으면 절대 안 까먹는
초등 속담

초판 1쇄 인쇄 2021년 12월 22일
초판 1쇄 발행 2021년 12월 29일

지은이 김성준

발행인 장상진
발행처 (주)경향비피
등록번호 제2012-000228호
등록일자 2012년 7월 2일

주소 서울시 영등포구 양평동 2가 37-1번지 동아프라임밸리 507-508호
전화 1644-5613 | **팩스** 02) 304-5613

© 김성준

ISBN 978-89-6952-489-8 73710

· 값은 표지에 있습니다.
· 파본은 구입하신 서점에서 바꿔드립니다.

어린이 제품 안전 특별법에 의한 표시
제품명 도서 **제조자명** 경향BP **제조국** 대한민국 **전화번호** 1644-5613
주소 서울시 영등포구 양평동 2가 37-1번지 동아프라임밸리 507-508호
제조년월일 2021년 12월 29일 **사용연령** 8세 이상
※ KC마크는 이 제품이 공통안전기준에 적합하였음을 의미합니다.

한 번 읽으면 절대 안 까먹는 초등 속담

김성준 지음 ◇ 류현우 그림

경향BP

시작하며

'백지장도 맞들면 낫다'

'돌다리로 두들겨 보고 건너라'

주위에서 흔히 듣는 말이지만 실제로 가벼운 종이 한 장을 다른 사람과 함께 들거나, 돌다리를 두들겨 보고 건너는 일은 특별한 경우를 제외하고는 없겠지요. 물론 이 말이 실제로 종이를 같이 들거나 돌다리를 두들겨 보라는 뜻이 아니라는 것 역시 대부분 알고 있어요. 이처럼 비유적인 표현으로 된 말을 '속담'이라고 불러요.

속담은 옛날부터 사람들 사이에 전해져 온 글 중에서 사람이 살아가는 데 알아야 할 교훈이나 주의할 일을 간결하게 표현한 짧은 글을 말합니다. 그렇다면 얼마나 오래전부터 전해진 것일까요? 우리나라에서 가장 오래된 역사책인 『삼국유사』에 '내 일이 바빠 큰댁 방아를 서두른다'는 속담이 수록되어 있는 것으로 보아 삼국 시대 혹은 그 이전부터 속담이 사용된 것으로 보여요.

이렇게 오랜 기간 우리의 생활 속에 자리 잡고 있는 속담은 때로는 새로 생기거나 사라지고, 가끔은 뜻이 바뀌기도 하면서 계속 전해져 우리에게 가르침을 주고 있답니다. 하지만 비유적인 표현으로 되어 있는 경우가 많고, 지금은 잘 알 수 없는 옛날 생활 모습과 문화를 담고 있어 그 뜻을 바로 알기 어려울 때도 있습니다. 이 책은 그런 어려움을 덜어 주기 위해 구성했습니다.

각 부분을 살펴보면, 각 속담의 첫머리에서는 속담을 이해하는 데 필요한 배경 지식을 먼저 알려 줍니다. 속담과 관련된 배경 지식을 알고 속담을 살펴본다면 그

뜻을 이해하기가 더 쉽습니다.

'엉뚱발랄 남매의 대화'에서는 일상생활 속에서 이 속담이 어떻게 사용되는지 알 수 있도록 했습니다. 조금 엉뚱하지만 우리 어린이가 만날 수 있는 상황에서 속담이 실제 사용되는 예를 보여 주었습니다. 사실 속담을 알아도 글이나 말에서 자연스럽게 사용하는 방법을 잘 모르는 경우가 많은데, 남매의 대화를 통해 자기도 모르게 속담의 사용법을 익힐 수 있습니다.

'잠깐! 똑똑해진 남매의 퀴즈'에서는 각 속담과 관련된 여러 가지 질문을 남매가 주고받습니다. 비슷하거나 반대의 뜻을 가진 속담, 속담에 나오는 사물이나 동물 등과 관련된 속담이나 표현 등을 퀴즈로 알아봅니다. 이 책을 읽는 여러분도 함께 퀴즈를 풀어 본다면, 자기도 모르게 어휘력이 쑥쑥 늘어나 있을 것입니다.

마지막으로 '속담 깊이 파헤치기'에서는 이 속담과 관련된 여러 가지 이야기를 소개했습니다. 우리나라의 전통 문화나 관련된 설화, 전설, 동물 등 속담보다 호기심이 더 많이 생기는 이야기들이 속담을 더 잘 이해할 수 있게 해 줍니다.

이 책에는 100개의 속담이 소개되어 있습니다. 우리가 사용하는 속담은 물론 그것보다 훨씬 많지요. 하지만 '천 리 길도 한 걸음부터'라는 말이 있듯이 엉뚱발랄 남매와 함께라면 속담 달인의 길은 그리 멀지 않을 거예요. 자, 그럼 함께 떠나 볼까요?

- 가는 날이 장날 ·· 12
- 개구리 올챙이 적 생각 못한다 ·· 14
- 개발에 편자 ·· 16
- 계란에도 뼈가 있다 ·· 18
- 고래 싸움에 새우 등 터진다 ·· 20
- 공든 탑이 무너지랴 ·· 22
- 광에서 인심 난다 ·· 24
- 구슬이 서 말이라도 꿰어야 보배 ·· 26
- 굿이나 보고 떡이나 먹지 ·· 28
- 긁어 부스럼 ·· 30
- 금강산도 식후경 ·· 32
- 까마귀 날자 배 떨어진다 ·· 34
- 꿩 대신 닭 ·· 36

- ◆ 낙숫물이 댓돌을 뚫는다 ·· 38
- ◆ 남의 장단에 춤춘다 ·· 40
- ◆ 남의 제사에 감 놓아라 배 놓아라 한다 ·· 42
- ◆ 낫 놓고 기역자도 모른다 ·· 44

- ◆ 내 코가 석 자 ·· 46
- ◆ 누워서 떡 먹기 ·· 48

- ● 도끼로 제 발등 찍는다 ·· 50
- ● 도랑 치고 가재 잡는다 ·· 52
- ● 돌다리도 두들겨 보고 건너라 ·· 54
- ● 되로 주고 말로 받는다 ·· 56
- ● 등잔 밑이 어둡다 ·· 58
- ● 떡 줄 사람은 꿈도 안 꾸는데 김칫국부터 마신다 ·· 60
- ● 똥 누러 갈 적 마음 다르고 올 적 마음 다르다 ·· 62
- ● 똥 묻은 개가 겨 묻은 개 나무란다 ·· 64
- ● 뚝배기보다 장맛이 좋다 ·· 66
- ● 뜨거운 국에 맛 모른다 ·· 68

- ◆ 마른 논에 물 대기 ·· 70
- ◆ 마파람에 게 눈 감추듯 ·· 72
- ◆ 말 많은 집은 장맛도 쓰다 ·· 74
- ◆ 말 한마디에 천 냥 빚도 갚는다 ·· 76

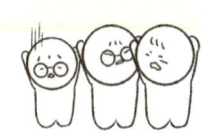

- ◆ 망건 쓰고 세수한다 ·· 78
- ◆ 명필은 붓을 가리지 않는다 ·· 80
- ◆ 모기 보고 칼 빼기 ·· 82
- ◆ 모난 돌이 정 맞는다 ·· 84
- ◆ 모래 위에 선 누각 ·· 86
- ◆ 목구멍이 포도청 ·· 88
- ◆ 목마른 놈이 우물 판다 ·· 90
- ◆ 물에 빠진 놈 건져 놓으니까 내 봇짐 내라 한다 ·· 92
- ◆ 밑 빠진 독에 물 붓기 ·· 94

- ● 바늘 도둑이 소 도둑 된다 ·· 96
- ● 바늘방석에 앉은 것 같다 ·· 98
- ● 바람 따라 돛을 단다 ·· 100
- ● 방귀 뀐 놈이 성낸다 ·· 102
- ● 백지장도 맞들면 낫다 ·· 104
- ● 뱁새가 황새걸음을 걸으면 가랑이가 찢어진다 ·· 106
- ● 벼룩의 간을 내먹는다 ·· 108
- ● 벼 이삭은 익을수록 고개를 숙인다 ·· 110
- ● 부뚜막의 소금도 집어넣어야 짜다 ·· 112

- 부지런한 물방아는 얼 새도 없다 ·· 114
- 빛 좋은 개살구 ·· 116
- 뿌린 대로 거둔다 ·· 118

- 사공이 많으면 배가 산으로 간다 ·· 120
- 산 입에 거미줄 치랴 ·· 122
- 생일날 잘 먹으려고 이레를 굶는다 ·· 124
- 서당 개 삼 년에 풍월을 읊는다 ·· 126
- 서울 가서 김 서방 찾는다 ·· 128
- 소문난 잔치에 먹을 것 없다 ·· 130
- 소 잃고 외양간 고친다 ·· 132
- 쇠귀에 경 읽기 ·· 134
- 쇠뿔도 단김에 빼랬다 ·· 136
- 식은 죽도 불어 가며 먹어라 ·· 138
- 신선놀음에 도낏자루 썩는 줄 모른다 ·· 140
- 싼 것이 비지떡 ·· 142
- 쌈짓돈이 주머닛돈 ·· 144
- 쏘아 놓은 살이요 엎지른 물이다 ·· 146

- 아니 땐 굴뚝에 연기 날까 ·· 148
- 약방에 감초 ·· 150
- 어물전 망신은 꼴뚜기가 시킨다 ·· 152
- 언 발에 오줌 누기 ·· 154
- 여름비는 잠비 가을비는 떡비 ·· 156
- 열 번 찍어 아니 넘어가는 나무 없다 ·· 158
- 염불에는 맘이 없고 잿밥에만 맘이 있다 ·· 160
- 옥에 티 ·· 162
- 옷이 날개라 ·· 164
- 우물에 가 숭늉 찾는다 ·· 166
- 웃는 낯에 침 못 뱉는다 ·· 168

- ◆ 자다가 봉창 두드린다 ·· 170
- ◆ 자라 보고 놀란 가슴 솥뚜껑 보고 놀란다 ·· 172
- ◆ 작은 고추가 더 맵다 ·· 174
- ◆ 잘 나가다 삼천포로 빠지다 ·· 176
- ◆ 정승도 저 싫으면 안 한다 ·· 178
- ◆ 제가 제 무덤을 판다 ·· 180
- ◆ 종로에서 뺨 맞고 한강에서 눈 흘긴다 ·· 182

◆ 지렁이도 밟으면 꿈틀한다 ·· 184

◆ 지성이면 감천 ·· 186

◆ 집에서 새는 바가지는 들에 가도 샌다 ·· 188

● 참새가 방앗간을 그저 지나랴 ·· 190

● 참을 인 자 셋이면 살인도 피한다 ·· 192

● 천릿길도 한 걸음부터 ·· 194

● 콩으로 메주를 쑨다 해도 곧이듣지 않는다 ·· 196

● 티끌 모아 태산 ·· 198

● 팔십 노인도 세 살 먹은 아이한테 배울 것이 있다 ·· 200

● 하늘이 무너져도 솟아날 구멍이 있다 ·· 202

● 형만 한 아우 없다 ·· 204

● 호미로 막을 것을 가래로 막는다 ·· 206

● 호랑이 굴에 가야 호랑이 새끼를 잡는다 ·· 208

● 호랑이는 죽어서 가죽을 남기고 사람은 죽어서 이름을 남긴다 ·· 210

가는 날이 장날

어떤 일을 하려고 하는데 뜻하지 않은 일을 공교롭게 당하는 것을 비유하는 표현입니다. 예전에는 5일에 한 번씩 열리는 장에 가야 물건을 구할 수 있었어요. 생각도 못했는데 찾아간 곳에 장이 열렸으니 좋을 수도 있겠지요. 좋은 뜻, 나쁜 뜻 두 가지 의미로 다 사용됩니다.

잠깐! 똑똑해진 남매의 퀴즈

'가는 날이 장날'은 옛날 5일장을 뜻하는 말로 지금의 시장과 비슷하잖아. 장날 그리고 시장과 관련된 표현은 또 어떤 것이 있을까?

일단 '가던 날이 장날', '오는 날이 장날' 등이 있고, '장날이 맏아들보다 낫다'라는 북한 속담도 있지.

무슨 뜻이야?

많은 것을 구할 수 있는 장날이 아들의 손을 빌어 무언가를 얻는 것보다 낫다는 뜻이래.

그렇구나. 참, 찾아오는 사람이 많아 문 앞이 시장을 이루었다는 뜻의 문전성시도 시장과 관련된 말이네.

5일마다 열리는 장날

요즘은 물건을 집 근처의 상설 시장이나 마트, 인터넷 등을 통해 쉽게 구입할 수 있지만 예전에는 5일에 한 번씩 열리는 장에 가야지 원하는 물건을 팔거나 구입할 수 있었어요. 현재도 전국에 5일장이 열리는 전통 시장이 많이 있답니다. 예를 들면 김포 5일장은 끝자리가 2일과 7일(2일, 7일, 12일, 17일, 22일, 27일), 양곡시장은 1일과 6일, 통진시장은 3일과 8일에 장이 열려요. 내가 만약 5일장에서 물건을 팔고 싶으면 날짜에 따라 장이 열리는 곳으로 가서 물건을 팔면 되는 거예요. 이렇게 장을 옮겨 다니며 장사를 하는 사람을 '장돌림'이라고 해요.

개구리 올챙이 적 생각 못한다

누구에게나 서툴던 시절이 있을 거예요. 그 시절을 다 잊고 처음부터 잘했던 것처럼 구는 것을 경계하는 말이에요. 즉 형편이나 사정이 전에 비하여 나아진 사람이 어려웠던 시절의 일을 생각하지 않고 처음부터 잘난 듯이 뽐내는 것을 의미해요.

잠깐! 똑똑해진 남매의 퀴즈

 이번 속담과 비슷한 표현에는 어떤 것이 있을까?

'거지가 밥술이나 먹게 되면 밥 한술 안 준다',
'며느리 늙어 시어미 된다' 같은 표현이 있어.

 며느리가 나이 들어서 또 시어머니가 되는 법인데,
며느리 시절을 기억 못한다는 거지.
근데 혹시 개구리와 관련된 속담은 없어?

'개구리는 움츠려야 뛴다'는 속담이 있어.
아무리 급한 일이라도 준비할 틈이 있어야 한다는 뜻이야.
그리고 '개구리 낯짝에 물 퍼붓기' 같은 표현도 있어.

 무슨 뜻이야?

어떤 일을 당해도 태연하다는 것을 이르는 말이야.

 쩝…. 말의 뜻은 알겠지만 당하는 개구리도
마냥 좋지만은 않겠는데?

개구리를 닮은 아이가 왕이 되었다고?

개구리는 우리나라 어디에서나 흔히 볼 수 있는 동물이에요. 그래서인지 개구리나 개구리의 울음소리에 대한 전설과 설화가 무척 많아요. 가장 대표적인 것은 바로 부여의 금와왕 전설이에요. 『삼국유사』에 따르면 동부여의 왕 해부루가 곤연이라는 연못가에 가니 큰 바위 아래에 금빛 개구리 모양의 아이가 있었다고 해요. 그래서 이름을 금와(금빛 개구리)라고 지었어요. 이 아이가 후에 동부여의 금와왕이 되어요.

개발에 편자

옷차림이나 지닌 물건 따위가 도무지 어울리지 않는 상황을 빗대어 설명하는 말입니다. 편자는 원래 말발굽을 보호하기 위해 사용하는 것이니 개에게는 필요가 없고 어울리지도 않는 물건이지요.

잠깐! 똑똑해진 남매의 퀴즈

 개와 관련해서 상황이나 제격에 어울리지 않는다는 뜻을 가진 표현들이 여러 가지가 있네.

어떤 것들이 있는데?

 '개 귀에 방울', '개 대가리에 관', '개 발에 버선', '개에게 호패' 같은 표현들이 있어.

관은 왕관처럼 머리에 쓰는 거고, 호패는 뭐야?

 호패는 지금의 주민등록증이라고 생각하면 돼.

지금은 반려동물 등록제가 있긴 하지만 옛날에 그것까지 생각할 수는 없었겠지. 호호~.

편자가 뭐예요?

'말' 하면 무엇이 생각나나요? 아무래도 힘차게 달리는 모습이 생각나겠지요. 원래 야생의 말들은 그렇게 많이 달릴 일이 없었어요. 하지만 인간과 같이 생활하게 되면서 말들은 달릴 일이 많아졌어요. 그러다 보니 문제가 생겼어요. 말발굽이 자라는 것보다 닳는 것이 빨라서 말이 발의 통증을 느끼게 된 것이지요. 그래서 말이 통증을 느끼지 않도록 쇠로 만든 신발, 즉 편자를 달아 주었답니다. 다행히도 말발굽에는 신경이 없어서 쇠로 단 편자를 달 수 있어요. 말발굽을 관리하고 편자를 다는 일은 섬세한 작업이라 지금도 자격을 갖춘 사람들만이 말발굽 관리사(장제사)로 일하신답니다.

계란에도 뼈가 있다

계란에 뼈가 있을까요? 당연히 계란에는 뼈가 없지요. 간신히 계란을 얻었는데 그것들이 다 상해 있었다는 고사에서 유래한 속담이에요. 늘 일이 잘 안 되던 사람이 좋은 기회를 만났음에도 그 역시 잘 안 되는 것을 비유한 말이에요.

잠깐! 똑똑해진 남매의 퀴즈

 계란에도 뼈가 있다는 속담과 비슷한 뜻을 가진 속담에는 뭐가 있을까?

'복 없는 정승은 계란에도 뼈가 있다', '안 되는 놈은 두부에도 뼈라', '안 되는 사람은 뒤로 넘어져도 코가 깨진다' 같은 속담들이 있어. 그리고 '계란유골'이라는 고사성어도 같은 뜻이야.

 '계란유골'과 비슷한 '언중유골'도 있네?

비슷해서 혼동하기 쉬운데 '언중유골'은 말에 뼈가 있다는 뜻으로 예사로운 말 속에 단단한 속뜻이 들어 있다는 뜻이야.

 무언가 의미심장한 뜻이 감추어져 있다는 뜻이네.

계란이 생겼는데 상한 계란이라니

'계란유골'은 조선 시대 세종 때 이름난 재상인 황희 정승과 관련이 있는 이야기예요. 황희 정승은 벼슬은 매우 높았지만 집이 너무 가난해서 먹을 것을 걱정해야 할 수준이었어요. 이를 본 임금이 오늘 남대문으로 들어오는 진상품(왕에게 바쳐지는 물건)은 모두 황희 정승 댁으로 보내라는 명령을 내려요. 그런데 그날은 비가 하루 종일 내려서 온종일 아무 물건도 들어오지 않았어요. 그러다가 해 질 무렵 겨우 계란 한 꾸러미가 들어왔지요. 그것이라도 삶아 먹으려 했지만 그 계란들은 모두 곯[骨]아 있었어요. 상해 있었던 거지요. 이것을 한자로 옮기자니 마땅한 표현이 없어 유골(有骨)로 표현했고, 그게 이 속담의 유래가 되었어요.

고래 싸움에 새우 등 터진다

강자들 간의 싸움에 상관없는 약한 자가 피해를 입게 되는 것을 말해요. 지금까지 지구에 나타났던 동물 중에 가장 큰 동물은 고래라고 합니다. 물론 작은 고래들도 있지만요. 이렇게 큰 고래들 다툼에 작은 새우가 끼어 있으면 얼마나 위험할까요?

잠깐! 똑똑해진 남매의 퀴즈

 고래나 새우와 관련된 속담 중에 재미있는 것이 많네?

어떤 것이 있는데?

 우선 '새우 싸움에 고래 등 터진다'가 있는데
아랫사람이 잘못한 일로 윗사람에게 해가 미치는 경우를 말한대.

'고래 싸움에 새우 등 터진다'와는 반대 상황이네.

 그렇지. 또 '새우 싸움에 고래 등 터지랴'라는 속담도 있어.
약한 것끼리 아무리 다투어도 힘센 존재는 피해를 입지 않는다는 뜻이야.

그치. 새우끼리 싸운다고 고래한테 무슨 피해가 있을까 싶어.

역사 속의 새우

새우는 옛날부터 우리나라에 널리 알려진 수산물이에요. 우리나라에 90여 종이 산다고 알려져 있고, 지역에 따라 새비·새오·새우지·쇄비라고 부르기도 하죠. 조선 시대 성종 때 완성된 지리서인 『동국여지승람』(1481)을 보면 지금과 마찬가지로 서해에서 많이 잡힌다는 것을 알 수 있어요. 또 가정 살림에 관한 책인 『규합총서』에도 새우가 각종 요리에 사용된다고 기록되어 있습니다. 지금도 많은 요리에 사용되고 있고, 닭 사료나 물고기 미끼 등으로 사용되기도 합니다. 그래서인지 적은 밑천으로 큰 이득을 얻는다는 뜻의 '새우로 잉어를 잡는다'는 속담도 전해지고 있습니다.

공든 탑이 무너지랴

시간과 노력을 들여서 쌓아 올린 탑은 아무래도 잘 무너지지 않겠지요. 몇 천 년 된 건축물이 남아 있는 걸 보면 알 수 있듯이 말이에요. 정성과 노력을 다 한 일은 결과가 좋다는 것을 비유적으로 표현한 말입니다.

잠깐! 똑똑해진 남매의 퀴즈

 탑과 관련된 속담이 뭐가 있을까?

 '개미구멍으로 공든 탑 무너진다'와 '공든 탑 개미구멍으로 무너진다'가 있어. 말 순서만 바꾼 속담이네.

 무슨 뜻이야?

 조그마한 실수나 방심으로 큰일을 망친다는 뜻이야. 근데 '개미는 작아도 탑을 쌓는다'는 속담도 있어.

 그건 또 무슨 뜻이야?

 아무리 작고 보잘것없는 사람이라도 꾸준히 노력하면 훌륭한 일을 이룰 수 있다는 뜻이야.

우리나라 탑 문화

우리나라에서는 탑이라고 하면 주로 불탑을 의미해요. 불탑은 절에 세운 탑이지요. 알려진 바로는 우리나라에 있는 불탑이 약 1,000기(基: 탑이나 비석을 세는 단위) 이상이라고 해요. 그건 아무래도 우리나라가 오랜 기간 불교에 영향을 받았기 때문이에요. 절에 있는 탑은 예배의 대상이며 부처를 뜻해요. 탑과 관련된 민속놀이로는 탑돌이가 있어요. 탑돌이는 원래 탑 주위를 돌면서 석가모니의 가르침을 실천하겠다고 다짐하는 의식인데, 이후에 민간으로 퍼져서 개인의 소원을 비는 민속놀이로 변했답니다.

광에서 인심 난다

우리 가족이 풍족하게 사용하고 남은 살림살이가 광에 있어야 다른 사람을 도울 생각이 든다는 뜻이에요. 광은 세간(집안 살림에 쓰는 온갖 물건)이나 그 밖의 여러 가지 물건을 넣어 두는 곳을 말해요. 창고나 곳간과 비슷한 곳이지요. 즉 자신이 넉넉해야 다른 사람을 도울 수 있음을 뜻해요.

잠깐! 똑똑해진 남매의 퀴즈

 '광에서 인심 난다'와 관련된 속담에는 어떤 것이 있을까?

비슷한 표현인데 '쌀광에서 인심 난다', '쌀독에서 인심 난다' 같은 속담들이 있어.

 뜻이 다 비슷한가 보네. 확실히 옛날에는 농사가 중심이어서 그런지 쌀과 관련된 표현이 많구나.

맞아. '쌀광에 든 쥐', '쌀독에 든 쥐'라는 속담을 봐도 그런 것 같아.

 무슨 뜻이야?

부족함이 없어 넉넉한 상태를 말하는 거래.

 세뱃돈을 충분히 받은 나랑 비슷한 상태군.

광이 뭐예요?

광은 살림살이나 그 밖의 여러 가지 물건을 넣어 두는 곳이에요. 곳간·고방이라고 부르기도 하고, 별도의 건물이 있는 경우에는 광채·곳집·곳간채 등으로 불렀어요. 농사를 지을 때 사용하는 농기구를 넣어 두기도 하고, 수확한 농산물을 보관하기도 했어요. 보관 물품에 따라 김치를 보관하면 김칫광, 쌀을 보관하면 쌀광, 나뭇광, 장광(장독대) 등으로 부르기도 했어요. 때에 따라서는 간단한 작업장 용도로 사용하기도 했고요. 이번 속담에서 알 수 있듯이 광은 재산을 상징하기도 했답니다.

구슬이 서 말이라도 꿰어야 보배

흔히 구슬은 유리나 사기 따위로 둥글게 만든 놀이 기구를 말해요. 하지만 이 속담에서 구슬은 그 뜻보다는 보석이나 진주 따위로 둥글게 만든 물건 혹은 아름답거나 귀중한 것을 비유적으로 이르는 말이에요. 그래서 이 속담은 아무리 좋은 것이 있어도 다듬고 정리하여 쓸모 있게 만들어야 더 값어치가 있다는 것을 뜻해요.

잠깐! 똑똑해진 남매의 퀴즈

 구슬과 관련된 속담에는 어떤 것이 있을까?

'구슬 없는 용'이라는 속담이 있지.

 용이 물고 있다는 여의주를 말하는 건가 보네.

맞아. 쓸모없고 보람 없게 된 처지를 말하는 거래. '귀한 구슬은 깊은 물속에 있다'라는 표현도 있어.

 그건 무슨 뜻이야?

소중한 것은 쉽게 드러나지 않는다는 뜻이래.

구슬치기를 해 볼까요?

유리나 자기로 된 구슬을 가지고 하는 놀이를 구슬치기라고 해요. 사기구슬이나 유리구슬이 등장하기 전에는 흙으로 구슬을 만들거나 작고 둥근 돌, 도토리, 상수리 열매 등으로 비슷한 놀이를 하기도 했다고 해요. 대표적인 놀이 방법으로 다음과 같은 것이 있어요.

① 땅에 구멍을 파 놓고 구멍에 구슬을 먼저 넣기
② 원 안에 여러 개의 구슬을 넣어 두고 다른 구슬로 쳐 내보내기
③ 상대방의 손에 있는 구슬의 수나 홀수인지 짝수인지 맞히는 놀이

굿이나 보고 떡이나 먹지

굿은 우리나라 무속 신앙에서 무당이 귀신에게 지내는 일종의 제사를 말해요. 무당이 제사를 지내는데 이러쿵저러쿵 이야기를 하면 쫓겨나기 십상이지요. 그러니 조용히 굿을 보고 굿을 마친 후에 먹는 떡이나 얻어먹으라는 말이에요. 즉 쓸데없이 남 일에 간섭 말고 일이 되어 가는 형편에 따라 자기 몫을 챙기라는 뜻으로 사용돼요.

잠깐! 똑똑해진 남매의 퀴즈

 떡과 관련된 속담은 어떤 게 있을까?

 '굿 보고 떡 먹기'라는 표현이 있어.

 어떤 뜻이야?

 한 가지 일로 두 가지 이상의 이득을 보는 걸 말해.

 '도랑 치고 가재 잡고'와 비슷한 표현이네. '꽃보다 떡'이라는 재미있는 표현도 있지.

 배고픈 사람에게는 꽃보다는 먹을 수 있는 떡이 더 필요하다는 뜻이구나.

신에게 지내는 제사, 굿

굿은 무당이 신에게 상을 차리고 제물을 바치며 춤과 노래로 인간의 소망이 이루어지기를 바라는 마음에서 벌이는 제사 의식을 말해요. 굿이 언제부터 시작되었는지 정확히 알 수는 없지만, 『삼국사기』에도 무당에 관한 기록이 있는 것으로 보아 아주 오래전부터 전해진 것으로 보입니다. 굿에는 사람의 명과 복을 비는 재수굿, 치료를 목적으로 하는 치병굿 등이 있고, 동네 사람들이 모여 씨를 뿌릴 때나 추수가 끝났을 때 합동으로 치르는 마을굿도 있답니다.

긁어 부스럼

아무렇지도 않은 일을 공연히 건드려서 걱정거리를 만든 것을 말해요. 부스럼은 피부에 생기는 각종 피부병을 통틀어 이르는 말인데, 피부를 괜히 긁어서 상처가 나고, 그래서 피부병이 생긴다는 말이에요.

잠깐! 똑똑해진 남매의 퀴즈

부스럼과 관련된 다른 표현이 있을까?

'부스럼이 살 될까'라는 표현이 있어.

무슨 뜻이야?

이미 잘못된 일이 다시 잘될 리 없다는 말이야.

'긁어 부스럼'과 비슷한 고사성어도 있는데 혹시 알아?

나 알 것 같아. '타초경사'지.

응, 맞아.

부럼 깨물기를 왜 했을까?

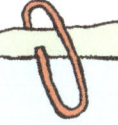

매월 음력 1월 15일을 정월대보름이라고 합니다. 예전에는 상원(上元)이라 하여 가장 큰 명절 중 하나였어요. 정월대보름에는 마을 사람들이 모여 줄다리기, 다리밟기, 고싸움, 쥐불놀이 등을 하며 그해 농사가 잘되기를 빌었어요. 정월대보름에는 부럼 깨물기도 했는데, 부럼 깨물기는 정월 대보름날 아침에 잣이나 밤, 호두 등의 견과류를 이로 깨서 먹는 풍습이에요. 이날 딱딱한 열매를 깨물면 한 해 동안 부스럼이 생기지 않는다고 해요.

금강산도 식후경

금강산은 경치가 아름답기로 유명한 산입니다. 이 속담은 아무리 경치가 좋은 금강산에 왔을지라도 그 구경은 밥부터 먹고 할 일이라는 뜻입니다. 즉 아무리 재미있고 좋은 일이라도 우선은 배가 불러야 그 일을 하고 싶다는 뜻이지요.

잠깐! 똑똑해진 남매의 퀴즈

 이 속담과 비슷한 말이 뭐가 있을까?

'꽃구경도 식후사(食後事)'라는 표현이 있어.

 식후사가 무슨 뜻이야?

밥을 먹고 난 뒤의 일이라는 뜻이야.
그리고 '나룻이 석 자라도 먹어야 샌님'이라는 표현도 있어.

 나룻이 뭐야?

나룻은 수염을 말해. 배가 불러야 체면도 차릴 수 있다는 뜻이지.

많은 이야기를 품은 금강산

우리나라 지도를 보면 동쪽에 긴 산맥이 하나 있어요. 우리나라에서 가장 긴 산맥인 태백산맥이에요. 금강산은 태백산맥의 위쪽 강원도 고성군(현재는 북한 땅) 주위에 위치해 있어요. 가장 높은 봉우리인 비로봉은 그 높이가 1,638m에 이른다고 해요. 금강산은 무척 경치가 아름답기로 유명하고, 연관된 전설이 많아요. 대표적인 것이 중국의 진시황제가 불로장생약을 구하기 위해서 금강산으로 사람을 보냈다는 전설이에요. 또 하늘의 옥황상제가 금강산의 경치에 반해 목욕을 하다가 하늘나라로 돌아가지 못했다는 설화도 있어요.

까마귀 날자 배 떨어진다

새가 하늘로 날아올랐는데 그때 마침 그 나무에서 열매가 떨어졌어요. 그럼 혹시 그 새 때문에 과일이 떨어진 것은 아닐까 의심을 할 수 있겠지요? 이 속담은 이처럼 아무 관계가 없이 일어난 일인데 다른 일이 일어난 것과 시기가 겹쳐 관계가 있는 것처럼 의심받는 것을 뜻해요.

잠깐! 똑똑해진 남매의 퀴즈

까마귀와 관련된 속담이 참 많은 것 같아. '까마귀 떡 감추듯', '까마귀 열두 소리 하나도 들을 것 없다'처럼 말이야.

 '까마귀 떡 감추듯'은 자기 물건을 어디 뒀는지 잘 잊어버리는 걸 비유한 것 같고, 두 번째는 무슨 뜻이야?

미운 사람이 하는 일은 하나부터 열까지 다 밉기만 하다는 뜻이래. 너 까마귀사촌이라는 말은 자주 들어 봤지?

 무슨 소리야? 난 한 번도 들어 본 적 없어.

지저분한 사람을 놀릴 때 하는 말이긴 한데, 정색하면 더 거짓말 같은 거 알지?

까마귀가 불길한 새가 된 이유

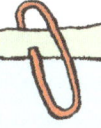

까마귀는 흔히 불길한 새로 여겨지는데 그 원인이 된 전설이 제주도에 전해오고 있어요.
저승차사인 강림도령은 까마귀에게 인간의 수명을 적은 적패지를 인간세계에 전달하도록 했어요. 그런데 까마귀는 이 종이를 중간에 잃어버렸어요. 그러고는 사람들이 죽는 순서를 마음대로 떠들었어요. 그때부터 어른과 아이, 부모와 자식의 죽는 순서가 뒤바뀌었다고 합니다. 이로 인해 까마귀 울음소리는 죽음의 불길한 징조로 여겨지게 되었다고 해요.

꿩 대신 닭

혹시 꿩고기를 먹어 본 적이 있나요? 꿩도 먹을 수 있는 거냐고 묻는 친구들도 있을 거예요. 예전 우리나라에서는 설날에 꿩고기가 들어간 떡국을 끓여 먹었어요. 그런데 꿩고기를 구하기 어려워 대신 닭고기를 넣어서 먹었다고 해요. 이처럼 꼭 알맞은 것이 없을 때 적당히 비슷한 것으로 대신하는 것을 비유하는 속담이에요.

잠깐! 똑똑해진 남매의 퀴즈

 꿩에 대한 속담에는 어떤 것이 있을까?

 제일 유명한 건 아무래도 '꿩 먹고 알 먹고'가 아닐까?

 오, 그러네. 한 가지 일로 두 가지 이상의 이득을 본다는 '일석이조'와 비슷한 표현인 것 같네.

 '꿩 떨어진 매'라는 표현도 있어.

 어떤 뜻이야?

 쓸모없게 된 사물을 비유적으로 이르는 말이래. 반면에 실제로 이름에 걸맞게 제구실을 다해야 한다는 뜻을 가진 '꿩 잡는 것이 매다'라는 속담도 있어.

설날엔 꿩고기를 먹었다고요?

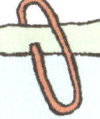

올해 먹은 설날 떡국에는 어떤 고기가 들어 있었나요? 지금은 소고기를 주로 사용하지만 예전에는 반드시 꿩고기만을 이용해서 떡국을 끓여 먹었다고 해요. 옛날에는 꿩을 '하늘닭'이라고 하여 하늘의 신이 보낸 사자로 생각했고, 행운을 가져다주는 새로도 생각했기 때문이지요.

하지만 설날에 모든 사람이 떡국을 만들어 먹을 수 있을 만큼 꿩고기를 구하는 것이 쉬운 일은 아니었겠지요. 그래서 대부분의 가정에서는 집에서 기르는 닭을 잡아 꿩고기 대신 넣었다고 합니다. 이러한 내용은 정약용 선생님의 책 『이담속찬』에 담겨 있어요.

낙숫물이 댓돌을 뚫는다

우리나라에서는 옛날에 집을 지을 때 습기를 피하고 햇빛을 집 안에 충분히 받아들일 수 있도록 돌을 쌓아 높여 주었습니다. 이때 사용한 돌을 댓돌이라고 해요. 이 속담은 처마에서 떨어지는 약한 물방울도 꾸준히 떨어지면 댓돌에 구멍을 낼 수 있다는 표현으로 작은 힘이라도 꾸준히 계속하면 큰일을 이룰 수 있다는 뜻입니다.

잠깐! 똑똑해진 남매의 퀴즈

 이번 속담과 비슷한 뜻을 가진 표현이 어떤 게 있을까?

음, '구르는 돌에는 이끼가 끼지 않는다'는 표현이 있네.

 사자성어 중에는 '마부작침'이라는 표현도 있어.

도끼를 갈아 바늘을 만든다는 뜻이네.
끈기 있게 노력하면 어려운 일도 이룰 수 있다는 뜻이구나.

 그러면 '우공이산'도 비슷한 표현 아닌가?

맞아, 비슷한 것 같아.

지역마다 다른 한옥의 모양

우리나라 고유의 형식으로 지은 집을 한옥이라고 해요. 한옥의 모양은 지역에 따라 많이 달라요. 우리나라가 남쪽과 북쪽으로 긴 모양인 탓에 남쪽의 집은 더위를, 북쪽의 집은 추위를 막기 위해서 만들어졌기 때문이에요.

먼저 남부 지방의 집은 바람이 잘 통하도록 한 줄로 지었어요. 주로 대청마루 같은 마루로 연결하여 집이 시원하도록 만들었지요. 반면에 북쪽 지방의 집은 바깥의 차가운 공기를 막고 집 안의 내부 온도를 유지하기 위해서 ㅁ자 모양으로 지어 마루가 없이 방끼리 붙어 있는 모양이었답니다.

남의 장단에 춤춘다

장단은 국악 용어로 음악의 박자, 빠르기 등을 나타내는 기본 형태예요. 서양 음악의 리듬과 같은 뜻입니다. 춤을 추는데 자신의 노래가 아닌 다른 사람의 노래에 춤을 추는 상황이라 생각해 보면 이해가 되는 속담입니다. 자신의 뚜렷한 생각 없이 남이 하자는 대로 따라 하는 것을 비유한 표현입니다.

잠깐! 똑똑해진 남매의 퀴즈

 장단과 관련된 속담은 뭐가 있을까?

 이번 속담과 비슷한 뜻을 가진 '남이 친 장단에 엉덩춤(궁둥이춤) 춘다'는 표현이 있어.

 재미있는 표현이네. 비슷한 표현인데 뜻이 다른 속담도 있네. '이웃집 장단에 덩달아 춤춘다'. 이건 남의 것을 이용하여 자기의 이익을 얻고자 하는 경우를 이르는 말이래.

 오호, 비슷한 표현인데 뜻은 꽤 많이 다르네. '어느 장단에 춤추랴'도 많이 들어 봤어.

 아, 이 사람 저 사람 시키는 사람이 많아서 누구 말을 들어야 할지 모르는 상황을 말하는 거지?

 응. 엄마와 아빠의 말이 다를 때 우리의 상황을 나타내는 말이라고 생각해.

장구에 대해 알고 있나요?

장단을 맞출 때 가장 흔히 사용하는 악기가 장구입니다. 장구는 장고 혹은 허리 부분이 가늘다 하여 '세요고'라 부르기도 하였어요. 장구는 오른손으로는 대나무로 만든 가는 채인 채편을 들고, 왼손으로는 맨손이나 궁글채를 들고 북편을 쳐서 소리를 내는 악기입니다.

장구는 궁중음악 연주자 중에 장구를 연주하는 사람이 있다는 『고려사』의 기록에 처음 등장해요. 하지만 그보다 앞선 고구려의 고분 벽화와 신라의 범종에 새겨진 그림에서도 그 흔적을 찾을 수 있는 것으로 보아 이미 삼국 시대부터 사용한 악기라는 걸 알 수 있답니다.

남의 제사에 감 놓아라 배 놓아라 한다

제사는 신령이나 죽은 사람의 넋에게 음식을 바치어 정성을 나타내는 행사를 말합니다. 제사 방식은 각 지역이나 집안마다 다른데, 이러쿵저러쿵 간섭하는 것은 실례가 되는 것이지요. 그래서 이 속담은 자신과 상관없는 일에 나서서 간섭하는 것을 비꼬아 이르는 표현입니다.

잠깐! 똑똑해진 남매의 퀴즈

 제사와 관련된 속담에는 어떤 것이 있을까?

'남이야 지게 지고 제사를 지내건 말건'이라는 속담이 있어. 이번 속담과 비슷한 뜻을 지녔어.

 '남의 제삿날도 우기겠다'는 속담도 있네.
모든 일을 잘 우기는 사람을 이르는 말이라고 해.

'가난한 집 제사 돌아오듯'이라는 속담은
힘든 일이 자주 닥쳐온다는 뜻이래.

 잘은 모르지만 좀 슬픈 속담인 것 같아.

마을의 제사들

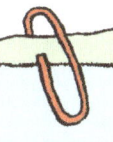

제사는 흔히 돌아가신 분에게 음식을 바치고 그분을 기리는 의식으로 알고 있을 거예요. 하지만 제사는 그것뿐만 아니라 마을의 수호신이나 신령들에게 지내는 의식도 포함하는 말이에요.

마을의 제사는 주로 마을 안에서 나쁜 기운을 몰아내고, 마을이 좀 더 풍요롭게 살 수 있기를 바라는 마음에서 치러졌어요. 그래서 산촌에서는 산을 다스리는 산신에게 지내는 산신제, 어촌에서는 물고기가 많이 잡히기를 바라는 풍어제 등을 지냈답니다. 또 오랜 기간 비가 내리지 않으면 비를 내려 주기를 바라며 기우제 등을 지내기도 했답니다.

낫 놓고 기역자도 모른다

낫은 기역자 모양으로 구부러진 연장입니다. 흔히 풀을 베거나 벼나 보리 등을 수확할 때 사용합니다. 기역자 모양으로 생긴 낫을 보고도 기역자를 모른다는 뜻으로, 흔히 아주 무식한 것을 비유하는 표현입니다.

잠깐! 똑똑해진 남매의 퀴즈

 낫은 지금도 많이 사용하고 있는 농기구라서 그런지 낫과 관련된 속담이 꽤 많이 있어.

그러게. '낫을 댈 곡식이 전혀 없다', '낫으로 눈을 가린다' 등이 있네.

 '낫을 댈 곡식이 전혀 없다'는 흉년이라는 뜻인 것 같은데, '낫으로 눈을 가린다' 이건 가끔 방송에서 나오는 눈만 모자이크 처리하는 거랑 비슷한 건가?

호호, 그런 게 아니고 낫으로 눈을 가리고는 몸 전체를 가린 줄 안다는 뜻이야. 어리석고 미련한 짓을 비유한대.

 '낫으로 눈 가려운 데 긁기' 이건 듣기만 해도 무서운데?

어리석게 위험한 행동을 하는 것을 비유한 표현이래.

낫을 가지고 놀았다고요?

지금은 보기 힘들지만 '낫치기'라는 놀이가 있었어요. 예전에는 소를 먹일 풀을 구하거나 겨울에 사용할 땔감을 구해야 했는데, 이 일을 청소년들이 하는 경우가 많았어요. 그때 주로 사용하는 연장이 낫이었지요.

낫치기는 풀이나 나무를 베어다 쌓아 두고, 각자의 낫을 던져서 쌓아 둔 더미에 낫을 꽂은 사람이 나무나 풀을 모두 차지하는 놀이였어요. 나무나 풀을 베기 전이면 땅에 표적을 정한 다음 낫을 꽂아서 승패를 가렸는데, 진 사람은 이긴 사람의 몫까지 일을 하는 놀이였답니다.

내 코가 석 자

자, 척 등은 옛날에 사용하던 길이의 단위입니다. 이 속담의 '석 자'는 보통 90cm 정도입니다. 코가 90cm나 되면 살아가기 너무나 힘든 상황이 될 것입니다. 그 상황에서 다른 사람을 돕기는 힘들겠지요. 내 상황이 너무 좋지 않아 남을 도와줄 여유가 없는 것을 뜻하는 표현입니다.

잠깐! 똑똑해진 남매의 퀴즈

 코와 관련된 속담에는 어떤 게 있을까?

부모님이 자주 하시는 말 중에 매우 가깝다는 뜻으로 사용하시는 '엎어지면 코 닿을 데'가 있지.

 맞아. 그리고 '얼굴보다 코가 더 크다'라는 말도 있네.

그거 '배보다 배꼽이 더 크다'랑 비슷한 말인가 보네. 그리고 '재수 없는 놈은 뒤로 자빠져도 코가 깨진다'도 많이 들어 본 말이야.

 어휴, 생각만 해도 짜증이 확 나는 상황이기는 하다.

「흥부전」의 유래가 된 방이설화

신라 시대에 형은 가난하고 동생은 부자인 형제가 있었어요. 가난한 형은 동생에게 씨앗을 빌려 농사를 지으려고 했는데, 못된 동생은 씨앗을 삶아서 형에게 주었어요. 형은 그것도 모르고 그 씨앗을 밭에 뿌렸어요. 그런데 놀랍게도 씨앗이 자라서 큰 이삭이 열렸어요.

어느 날 한 새가 그 이삭을 물고 날아가자 형은 그 새를 쫓아 산으로 갔어요. 산속에는 아이들이 있었는데 그 아이들이 금방망이를 두드리자 먹을 것이 쏟아졌어요. 금방망이를 얻은 형은 큰 부자가 되었지요. 샘이 난 동생도 그곳으로 갔는데 오히려 도둑으로 몰려 큰 벌을 받고, 코가 코끼리처럼 길어져 돌아왔다고 해요.

이 이야기는 「흥부전」의 근원이 되는 '방이설화'라고 해요. 그리고 이번 속담의 유래이기도 해요.

누워서 떡 먹기

본래 속담은 '누워서 떡을 먹으면 콩고물이 떨어진다'로 게으른 모습을 표현할 때 사용하는 말이었어요. 이후 그 뜻이 매우 하기 쉬운 일로 바뀌었어요. 하지만 누워서 떡 먹는 건 매우 위험한 일이니 절대 하면 안 된다는 것 알아두세요.

축구에서 페널티킥을 넣는 게 쉽다고 생각하는 사람이 많아.

가끔 경기에서 보면 쉽게 넣는 거 같던데요? 누워서 떡 먹기 같아요.

실제로는 그렇지 않아.

왜 그런 거예요?

다른 골보다는 쉬운 건 맞는데, 누구나 쉽게 넣는다고 생각하니까 페널티킥을 하는 선수는 못 넣는 것에 대해 부담이 크대.

실제로 그런 이유로 페널티킥을 하지 않는 선수도 있고 말이야.

쉬워 보이는 일도 꼭 쉬운 것만은 아니군요.

잠깐! 똑똑해진 남매의 퀴즈

 이번 속담처럼 쉬운 일이라는 뜻을 가진 표현은 어떤 게 있을까?

'누운 소 타기', '호박에 침 주기' 그리고 '호박에 말뚝 박기'라는 표현이 있어.

 누운 소에 타는 건 쉬울 것 같기는 한데 위험해 보여. 그러면 쉬운 일이라도 조심해야 한다는 뜻을 가진 표현에는 어떤 게 있을까?

'식은 국도 맛보고 먹으랬다', '식은 죽도 불어 가며 먹어라'가 있지.

 예나 지금이나 먹는 건 항상 조심해야 하는 건가 봐.

전통 음식, 떡

우리 민족이 언제부터 떡을 해 먹었는지 정확히 알 수는 없어요. 하지만 고구려 고분 벽화 중 부엌 장면에 떡을 찌는 시루가 그려져 있는 것으로 보아 삼국 시대부터 이미 떡을 만들어 먹었다는 것을 알 수 있어요. 떡에 난 잇자국으로 왕을 정했던 신라 초기의 이야기를 보아도 마찬가지이고요. 우리나라의 떡은 이웃의 일본, 중국과 재료에서부터 차이가 있어요. 최남선이 지은 『조선 상식』이라는 책에서는 중국의 떡은 밀가루를 주재료로 굽고, 일본의 떡은 찹쌀가루를 주재료로 찌고, 우리나라의 떡은 멥쌀가루를 주재료로 찌는 것으로 그 차이를 설명했어요.

도끼로 제 발등 찍는다

도끼는 나무를 자를 때 사용하는 연장입니다. 이 표현은 정말 상상하기도 싫은 상황이네요. 당장 병원에 가야 하는 일이니까요. 하지만 남을 원망할 수도 없지요. 본인이 한 일이니까요. 남을 해칠 생각으로 한 일이 결국은 자기에게 피해를 주는 경우를 뜻하는 속담입니다.

잠깐! 똑똑해진 남매의 퀴즈

도끼와 관련된 표현에는 어떤 것이 있을까?

가장 흔히 사용하는 것은 '믿는 도끼에 발등 찍힌다'가 아닐까 싶어.

잘되리라 믿은 일이 어긋나거나 믿고 있던 사람에게 배신당해서 해를 입은 경우를 말하는 거지.

응. 그리고 '도끼가 제 자루 못 찍는다'는 표현도 있네.

무슨 뜻이야?

자기의 잘못된 점을 자기가 알아서 고치기 어렵다는 뜻이래.

우리나라 전래동화가 아니라고요?

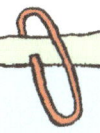

「금도끼 은도끼」라는 전래동화를 알고 있지요? 연못에 도끼를 빠뜨린 나무꾼에게 산신령이 나타나 빠뜨린 도끼가 금도끼인지 은도끼인지 물어보자 나무꾼은 정직하게 쇠도끼라고 말합니다. 이에 감동한 산신령이 금도끼와 은도끼를 모두 준 이야기 말이에요. 하지만 놀랍게도 이 동화는 원래 우리나라 전래동화가 아니라 그리스의 전래동화예요. 『이솝우화』에 수록된 이야기였는데 우리나라에 전해지면서 조금 바뀌었어요. 본래 이야기에서는 산신령이 아니라 헤르메스라는 신이 등장한답니다.

도랑 치고 가재 잡는다

도랑은 작고 좁은 개울을 말해요. 이 표현은 두 가지 뜻으로 사용됩니다. 우선 지저분한 도랑을 치우는 중에 가재를 잡게 되었으니 한 가지 일로 두 가지 이득을 본 것을 말해요. 다르게는 도랑을 치우면 숨어 있던 가재가 사라져서 가재를 잡을 수 없게 되니 일의 순서가 바뀌어서 노력한 보람이 없게 되는 것을 뜻하기도 해요.

잠깐! 똑똑해진 남매의 퀴즈

 도랑과 관련된 속담에는 어떤 것이 있을까?

 '실도랑 모여 대동강이 된다', '티끌 모아 태산' 등이 있어.

 '도랑에 든 소'라는 표현도 있지.

 꼼짝없이 갇혀서 난처한 상황 같은 건가?

 그게 아니라 도랑 양편에 먹을 풀이 많은 상황이라는 뜻이야. 풍족한 형편에 놓인 사람을 말하는 거래.

가재는 어떤 동물일까요?

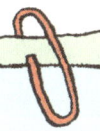

가재는 큰 집게발이 인상적인 갑각류이지요. 깨끗한 계곡이나 냇가에 사는데, 주로 돌 밑에 숨거나 구멍을 파고 들어가요. 조선 시대 어류에 관해 정리한 책인 『전어지』에 '산골짜기 물속의 돌 틈에서 살며 작고 껍데기가 굳으며 붉은 놈이 가재다.'라고 기록되어 있기도 해요.

가재는 우리나라 사람과 친근한 동물인지라 속담·설화·민요 등에 많이 등장하는데, 한 설화에 따르면 가재는 원래 눈이 없었는데 가지고 있던 비단 끈을 지렁이의 눈과 바꾸어서 눈이 생겼다고 해요.

돌다리도 두들겨 보고 건너라

돌로 만들어진 다리는 무척 튼튼해서 쉽게 무너지지 않아요. 그런데 왜 돌다리가 안전한지 두들겨 보라고 하는 걸까요? 맞아요. 그만큼 모든 일에 조심하고, 주의하라는 뜻이에요. 비록 잘 아는 일일지라도 주의하지 않으면 난처한 상황을 맞게 되는 경우가 있거든요. 그런 일을 당하지 않도록 잘 아는 일, 익숙한 일이라도 세심하게 주의를 하라는 뜻으로 사용되는 표현입니다.

잠깐! 똑똑해진 남매의 퀴즈

 이번 속담과 비슷한 뜻을 가진 속담에는 어떤 것이 있을까?

 여러 개가 있어. 먼저 '아는 길도 물어 가랬다' 그리고 '식은 죽도 불어 가며 먹어라'.

 엇, 이것도 비슷하다. '얕은 내도 깊게 건너라'.
얕은 개울물이라도 깊은 물을 건너듯 조심하며 건너라는 뜻이지.

 그리고 외국 속담 중에 '뛰어오르기 전에 살펴보라'도 있네.
너한테 꼭 어울리는 속담이다. 며칠 전에 혼자 뛰다가 머리 부딪쳐서 다칠 뻔했잖아.

 그런 흑역사는 좀 잊어 줄래?

보물로 지정된 살곶이다리

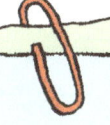

보물로 지정된 돌다리가 있다고요? 서울 중랑천에 있는 살곶이다리가 바로 그 주인공입니다. 살곶이다리는 조선 시대에 만들어진 가장 긴 돌다리로 보물 제1738호입니다. 당시 한양과 동남지방을 연결하는 중요한 역할을 하는 다리였는데, 살곶이 앞에 있다고 하여 살곶이다리라고 불렸다고 합니다. 다리가 평평하여 마치 평지를 걷는 것과 같다 하여 제반교라고도 불렀다고 해요.

세종 임금 때 만들기 시작해서 성종 임금 때(1483년)에 완성되었어요. 만들어진 지 오랜 시간이 지났고 대홍수와 전쟁 등으로 일부 손상이 되기도 했지만 보수를 통해서 지금까지도 사용하고 있답니다.

되로 주고 말로 받는다

되와 말은 예전부터 우리나라에서 곡식, 가루, 액체 따위를 담아 부피를 재는 데 쓰던 그릇을 말해요. 또 그 단위를 뜻하기도 하지요. 1되는 요즘 주로 사용하는 리터 단위로 1.8리터, 1말은 그 10배로 18리터 정도예요. 되로 주고 말로 받는다 했으니 남에게 조금 주고 그보다 몇 배나 많은 대가를 받는 경우를 말해요. 도움을 준 경우와 피해를 준 경우 모두 사용돼요.

잠깐! 똑똑해진 남매의 퀴즈

 이번 속담과 뜻이 같거나 비슷한 표현에는 어떤 것이 있을까?

'한 되 주고 한 섬 받는다'가 있어.

 섬은 1되의 100배가 되는 양이잖아. 말보다 부피가 더 커졌네.
또 '가는 방망이 오는 홍두깨'라는 표현도 있네.

홍두깨가 뭐야?

 옷이나 옷감 따위를 방망이로 두드려 펴서
윤기가 나고 매끄럽게 하는 것을 다듬이질이라고 하는데
그때 사용하는 방망이래.

부피를 나타내는 되와 말

되나 말은 곡식이나 액체의 부피를 재는 단위인 동시에 그 그릇을 말해요. 옛날 사람들은 처음에는 부피를 주먹이나 머리 크기 등에 비교하였어요. 그러다가 농사를 짓기 시작하면서 정확하게 부피를 잴 필요가 생기자 성인 남자의 두 손을 모아 담을 수 있는 양을 기준으로 정했어요. 그것이 승 혹은 되(보통 1.8리터)라는 단위예요. 되의 10배가 되는 양은 말, 100배가 되는 양은 섬이라고 해요.

등잔 밑이 어둡다

방 안의 어둠을 밝히기 위해 사용하던 등잔, 하지만 이 등잔의 아랫부분은 그림자 때문에 방 안에서 가장 어두웠어요. 어둠을 밝히는 등잔에서 가장 가까운 곳인데도 가장 어두웠던 것이지요. 이 속담은 이처럼 가까이 있는 물건이나 사람을 오히려 잘 알기 어렵다는 뜻으로 사용되는 표현입니다.

잠깐! 똑똑해진 남매의 퀴즈

 등잔과 관련된 속담에는 어떤 게 있을까?

'등잔 밑이 어둡다'와 달리 '등잔 뒤가 밝다'라는 표현이 있어. 너무 가까운 것보다 오히려 조금 떨어져 보는 편이 상황을 더 잘 알 수 있다는 말이야.

 글짓기에서 글자 틀린 것은 다른 사람이 더 잘 찾는 것과 비슷한 것 같은데….

그렇지. '어두운 밤의 등불'이라는 표현도 있네.

 아주 중요한 것이라는 뜻인가 봐.
세상의 등불과도 같은 나란 사람. 이런 거처럼 말이야.

못 말린다, 진짜….

알코올램프를 닮은 등잔

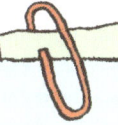

등잔은 기름을 연료로 하여 불을 켤 수 있도록 만든 그릇을 말해요. 그 재료로는 나무나 흙, 대리석, 사기, 놋쇠, 철 등을 사용했어요. 이 그릇에 한지나 솜 등으로 심지를 만들어서 불을 켰어요. 학생들이 학교 과학실에서 사용하는 알코올램프와 비슷하다고 생각하면 돼요. 등잔을 언제부터 사용했는지는 알 수 없지만 삼국 시대 발굴품 중에도 있는 것으로 보아 아주 오래되었다는 것을 알 수 있어요. 불을 밝히기 위해서 여러 가지 기름이 사용되었는데, 부엌에서 요리할 때 사용하는 참기름·콩기름 등도 그중 하나였다고 해요.

떡 줄 사람은 꿈도 안 꾸는데 김칫국부터 마신다

떡 주인은 줄 생각이 없는데, 목이 멜까 김칫국부터 마신다고 하네요. 너무 성급하게 행동하는 사람을 빗대어 나타낸 말입니다. 상대방은 생각지도 않는데 미리 다 된 일인 것마냥 생각하고 행동한다는 뜻이지요.

잠깐! 똑똑해진 남매의 퀴즈

 성급하다는 뜻을 가진 표현에는 어떤 것이 있을까?

 '보리밭에 가 숭늉 찾는다', '냇물은 보이지도 않는데 신발부터 벗는다' 등이 있네.

 '우물에 가 숭늉 찾는다'도 있고 '콩밭에 가서 두부 찾는다'는 표현도 있지.

 그중 최고는 '오동씨만 보아도 춤춘다' 같아.

 오동씨를 보면 왜 춤을 추는데?

 오동나무로 가야금을 만드니까 그런 거래. 오동씨가 악기를 만들 만큼 자라려면 최소한 몇십 년은 걸릴 텐데 말이지.

 최고로 급한 성격 인정이네.

우리나라를 대표하는 식품, 김치

김치는 우리나라를 대표하는 식품일 뿐 아니라 세계적으로도 유명한 음식이에요. 과학적으로 다양한 효능을 인정받은 음식이기도 하지요.

사람은 겨울에도 채소를 먹어야 건강을 유지할 수 있는데, 겨울에 채소를 구하는 일은 정말 힘든 일이었어요. 그래서 소금을 비롯한 각종 재료를 이용해 채소를 저장하는 방법을 개발하게 되었어요. 이것이 차츰 발전하여 지금의 김치가 되었답니다. 현재 우리나라에는 200여 종의 김치가 있다고 알려져 있고, 우주인들을 위한 우주식품 중의 하나로까지 개발되었습니다.

똥 누러 갈 적 마음 다르고 올 적 마음 다르다

화장실에 갑자기 가고 싶어지면 굉장히 곤란하고 다급한 마음이지만, 화장실을 다녀오면 그런 마음이 사라지곤 합니다. 이 속담은 그것과 마찬가지로 자신의 일이 아주 급할 때에는 사정을 하며 매달리지만 급한 일이 끝나면 모른 척하는 모습을 비유한 표현입니다.

잠깐! 똑똑해진 남매의 퀴즈

 마음과 관련된 표현에는 어떤 것이 있을까?

'마음이 풀어지면 하는 일이 가볍다'가 있어. 마음에 있던 걱정이 없어지고 화가 풀리면 어려운 일도 쉽게 할 수 있게 된다는 뜻이래.

 속담은 아니지만 윌리엄 셰익스피어의 명언 중에 '사랑은 눈으로 보지 않고 마음으로 보는 거지'라는 표현도 있네.

음, 멋진 말이다.

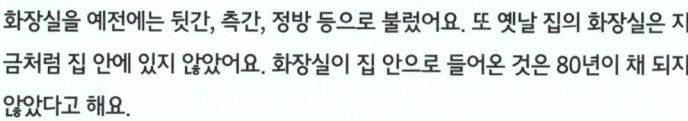

화장실은 왜 집 밖에 있었을까?

화장실을 예전에는 뒷간, 측간, 정방 등으로 불렀어요. 또 옛날 집의 화장실은 지금처럼 집 안에 있지 않았어요. 화장실이 집 안으로 들어온 것은 80년이 채 되지 않았다고 해요.

화장실의 옛 이름인 뒷간, 측간의 뜻 자체가 뒷마당 한편에 자리한 집이라는 뜻이에요. 실제로 민속촌이나 한옥 마을에 가 보면 뒷마당에 화장실이 있는 걸 볼 수 있어요. 왜 그런 위치에 있었을까요?

예전에는 농업이 가장 중요한 산업이었어요. 농사를 잘 짓기 위해서는 좋은 거름이 필요했는데 사람의 배설물이 아주 좋은 거름이었지요. 하지만 문제는 바로 냄새였어요. 화장실에서는 냄새가 많이 날 수밖에 없으니 사람들이 거주하는 공간에서 멀리 떨어뜨려 놓았던 거예요.

똥 묻은 개가 겨 묻은 개 나무란다

우리가 먹는 쌀은 낟알의 껍질을 벗긴 거예요. 이때 벗긴 껍질이 바로 겨예요. 개한테 겨가 묻어 있다면 지저분하기는 하겠지만, 똥이 묻은 개보다는 낫겠지요. 이 속담은 이처럼 자기는 더 큰 약점이나 결점을 가지고 있으면서 오히려 남의 작은 약점을 흉보는 것을 말해요.

잠깐! 똑똑해진 남매의 퀴즈

 이번 속담과 관련된 표현에는 어떤 것이 있을까?

'제 흉 열 가지 가진 놈이 남의 흉 한 가지를 본다'는 속담이 있네.

 '숯이 검정 나무란다'도 비슷한 뜻인 것 같아.

그러네. 이번 속담과 순서가 바뀐 '겨 묻은 개가 똥 묻은 개를 나무란다'라는 표현도 있네.

 무슨 뜻이야?

결점이 있기는 마찬가지면서 조금 덜한 사람이 더한 사람을 흉보는 모습을 비꼬는 말이라네.

영리하고 의리 있는 가축, 개

개는 아주 오래전부터 사람의 곁에서 같이 살아 온 가축이에요. 그런 만큼 개와 관련해 전해지는 이야기도 많은데 주인에게 충실하고 의리가 있는 동물로 묘사되는 경우가 많아요. 그중 특히 놀라운 것은 고려 충렬왕 때 있었다고 전해지는 이야기예요.

1282년, 지금은 북한 땅인 개성의 진고개라는 곳에 부모를 잃고 의지할 곳이 없는 눈먼 아이가 살았어요. 놀랍게도 이 아이를 개가 돌보며 데리고 다니면서 밥을 얻어 먹이고 물을 먹여 키웠다고 해요. 이 소식을 들은 관청에서는 개에게 벼슬을 내려 크게 칭찬했다고 합니다. 개가 얼마나 영리하고 의리가 있는지를 보여 주는 일화입니다.

뚝배기보다 장맛이 좋다

뚝배기는 예쁘다기보다는 투박하게 생긴 그릇이에요. 보기에는 투박해 보이지만 찌개나 국 등을 먹을 때 음식이 잘 식지 않게 하는 장점을 지니고 있어요. 그래서 이 속담은 겉으로 보기에 모양은 보잘것없지만 실제 내용은 훌륭한 것을 나타낸 표현입니다.

잠깐! 똑똑해진 남매의 퀴즈

 뚝배기와 관련된 속담이 또 있네.
평소에 '뚝배기 깨지는 소리'라는 말 많이 들어 보지 않았어?

노래 못한다는 뜻이지? 흥! 그런 말 한 번도 들어 본 적 없어.
'뚝배기로 개 때리듯'이라는 속담 진짜 웃긴다.

 왜 날 뚫어져라 쳐다보는 거지? 하여튼 그 속담 뜻이 뭐야?

누가 자꾸 이상한 이야기를 해서 말이지. 화를 못 이겨서 애꿎은
화풀이를 했지만 별로 신통치 않을 때 하는 말이래.

 아무리 화가 나도 개를 때리는 건 동물 학대니까 하면 안 돼.

뚝배기가 뭐예요?

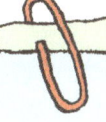

뜨거운 음식이 담긴 뚝배기라는 그릇을 한 번쯤 본 적 있을 거예요. 가끔 식당에서 '○○ 뚝배기'라는 메뉴도 본 적 있을 거고요. 그건 뚝배기에 음식을 담아 조리를 해서 붙여진 이름이에요.
뚝배기는 아주 오랜 옛날부터 사용해 왔어요. 붉은 진흙으로 그릇을 만들어서 오짓물이라는 잿물을 바른 후 구워서 만들지요. 그래서 검붉은색 윤이 나요.
뚝배기는 직접 음식을 담아서 가열할 수도 있고, 뜨거운 음식을 담아도 그릇의 표면이 그다지 뜨겁지 않아서 사용하기가 편리해요. 또 음식이 잘 식지 않게 해서 음식 맛이 유지될 수 있도록 해 준답니다.

뜨거운 국에 맛 모른다

이 표현은 흔히 두 가지 뜻으로 사용됩니다. 먼저 국이 끓어서 뜨거울 때는 정확한 맛을 볼 수 없는 것처럼 다급한 경우를 맞아 정확한 판단을 할 수 없음을 뜻합니다. 두 번째 뜻으로는 국이 뜨거운지 아닌지도 생각지 않고 맛부터 본다고 하여 상황을 파악하지 못하고 무턱대고 행동하는 것을 뜻합니다.

잠깐! 똑똑해진 남매의 퀴즈

 국에 관련된 속담은 어떤 게 있을까?

 '국에 덴 놈 냉수 보고도 놀란다'라는 속담이 있는데 '자라 보고 놀란 가슴 솥뚜껑 보고 놀란다'와 비슷한 뜻인 것 같아.

 그러네. 또 '두었다가 국 끓여 먹겠느냐'도 있어.

 쓸 것을 쓰지 않고 너무 아낀다는 뜻이겠네. 그치?

 대단한데! 말 나온 김에 네 책상 속에 넣어 둔 비상 간식 좀 같이 먹자고. 호호.

  관심 끊어라. 국 끓여 먹는 일 생겨도 혼자 먹을 테니까.

국, 탕, 찌개는 어떻게 다를까요?

우리나라의 국 요리에는 국, 탕, 찌개가 있어요. 이 세 가지는 어떤 차이가 있을까요?

국은 고기, 생선, 채소 따위에 물을 많이 붓고 간을 맞추어 끓인 음식으로 국물과 건더기를 함께 먹는 음식이에요. 미역국, 된장국 등이 있어요.

탕은 국을 높여서 부르는 명칭으로 국보다 고기, 생선, 채소 등 재료를 더 많이 넣어 끓인 음식이에요. 갈비탕, 동태탕 등이 있어요.

찌개는 국이나 탕보다 국물을 적게 잡고 고기, 생선, 조개, 채소 등을 넉넉히 넣어 끓인 음식입니다. 된장찌개, 순두부찌개 등이 있답니다.

마른 논에 물 대기

물 대기는 농사를 짓는 데 필요한 물을 논밭에 공급하는 일을 말해요. 벼농사를 지을 때는 물이 많이 필요해요. 그런데 논이 바싹 말라 버렸으니 물을 대는 일은 무척 어려운 일일 것입니다. 그래서 이 속담은 일이 매우 힘든 경우나 아주 힘들게 해 놓은 일이 헛수고로 끝날 때를 이르는 표현입니다.

잠깐! 똑똑해진 남매의 퀴즈

 논과 관련된 속담에는 어떤 것이 있을까?

'가문 논에 물 대기'라는 표현이 있는데 이번 속담과 비슷한 뜻이야.

 '마른 논에 물 잦듯'도 있어.
마른 논에 물을 대면 곧 배어들어 잦아들듯이
어떤 것이 금세 없어지는 것을 나타내는 말이래.

이번 속담과 비슷한데 뜻은 좀 다른 것 같네.
그리고 '제 논에 물 대기'란 말 자주 들어 본 것 같아.

 무슨 뜻이야?

자기에게만 이롭도록 일을 하는 경우를 말하는 거래.

농사를 지으려면 부지런해야 해요

우리나라 속담 중에 '농군이 여름에 하루 놀면 겨울에 열흘 굶는다'가 있어요. 농군은 농사를 짓는 사람을 말해요. 농사를 짓는 사람이 작물을 열심히 돌보아야 할 여름에 게으름을 피우면 겨울에 곤란한 일이 생긴다는 뜻이지요. 이와 비슷하게 농부가 부지런해야 한다는 의미로 '손끝이 거름'이라는 속담이 있어요. 사람의 손, 즉 농부의 보살핌을 많이 받은 논밭이 좋은 거름을 준 것처럼 많이 수확할 수 있다는 뜻이랍니다.

마파람에 게 눈 감추듯

마파람은 남풍을 말해요. 뱃사람들은 남풍이 불면 비가 온다고 생각했답니다. 게는 평소에는 눈을 밖으로 내놓고 다니는데 마파람이 불고 비가 올 것 같으면 눈을 순식간에 감추었다고 해요. 이 속담은 이렇게 재빠르게 감추는 게 눈처럼 음식을 순식간에 먹어 치우는 것을 비유적으로 표현한 말입니다.

잠깐! 똑똑해진 남매의 퀴즈

 이번 속담과 비슷한 뜻을 가진 속담에는 뭐가 있을까?

'두꺼비 파리 잡아먹듯', '귀신 젯밥 먹듯' 같은 표현이 있네.

 '남양 원님 굴회 마시듯'도 비슷한 뜻을 가진 속담이래.

남양? 남양이 어디지?

 남양은 지금의 화성시 일대래.
거기에 부임하는 원님들이 지방 특산물인 굴 맛에 반해 씹지도 않고 먹었다는 데서 나온 속담이래.

바람을 나타내는 순우리말

마파람처럼 바람을 나타내는 다양한 순우리말 이름이 여럿 있어요. 동풍은 샛바람, 서풍은 하늬바람, 남풍은 마파람, 북풍은 된바람이라고 한답니다. 그 밖에 바람에 관한 몇 가지 예쁜 말이 있는데, 먼저 바람꽃은 큰바람이 일어나려고 할 때 먼 산에 구름같이 끼는 뽀얀 기운을 말합니다. 바람씨는 바람이 불어오는 모양을 뜻하고요. 바람칼이라는 말은 새가 하늘을 날 때 날개가 바람을 가르는 듯하다는 뜻으로, 새의 날개를 이르는 말이랍니다.

말 많은 집은 장맛도 쓰다

말 많은 집은 가족 간의 대화가 많은 집이라는 뜻이 아니에요. 쓸데없이 자질구레하게 늘어놓는 말이 많은 집을 의미해요. 쉽게 말해서 잔소리가 많다는 뜻이지요. 그런 집의 장맛이 쓰다는 건 불필요한 잔소리가 많으니 오히려 살림살이가 잘 안 된다는 뜻이에요. 혹은 말로는 그럴싸하지만 실상은 그렇지 않을 때도 사용하는 말입니다.

잠깐! 똑똑해진 남매의 퀴즈

장은 간장, 고추장, 된장을 통틀어서 말하는 거야.
그와 관련된 속담은 어떤 게 있을까?

'간장이 시고 소금이 곰팡 난다'가 있어.
절대로 있을 수 없는 일을 뜻하는 표현이야.

난 고추장과 관련된 속담 두 개를 찾았어.
'고추장이 밥보다 많다', '보리밥에 고추장이 제격이다'.

첫 번째 속담 뜻은 맵다는 뜻이고 두 번째 속담 뜻은
맛있다는 뜻인가?

완전히 틀렸다고 할 수는 없네.
첫 번째 속담은 중심이 되는 것보다 곁에 딸린 것이 더 많다는 뜻이고,
두 번째 속담은 무엇이나 격에 맞도록 해야 좋다는 뜻이야.

두 번째 속담에 참기름도 추가하면 더 좋겠는데….

장은 언제부터 먹었을까?

간장, 된장, 고추장은 우리 식탁에서 빠질 수 없는 기본양념입니다. 간장과 된장은 고구려 시대의 벽화에 장독대 그림이 있고, 『삼국사기』에도 간장과 된장에 대한 기록이 남아 있는 것으로 보아 삼국 시대부터 전해 내려오는 것으로 보고 있어요. 고려 시대에는 굶주린 백성들을 위해 나누어 주는 품목에 된장이 포함되어 있을 정도로 우리 식탁에 정착되어 있었던 것을 알 수 있어요.
간장과 된장에 비해 고추장은 상대적으로 역사가 짧아요. 그 이유는 고추장의 재료인 고추가 우리나라에 보급된 시기가 16세기 말이기 때문이에요.

말 한마디에 천 냥 빚도 갚는다

천 냥은 옛날이나 지금이나 매우 많은 돈을 말해요. 그렇게 큰 빚을 말 한마디로 처리할 수 있다니, 말의 힘이 얼마나 큰지 알 수 있게 해 주는 표현이네요. 또 천 냥은 큰돈을 의미할 뿐만 아니라 아주 어려운 일, 불가능한 일을 뜻하기도 해요. 그래서 말만 잘하면 어려운 일이나 불가능해 보이는 일도 해결할 수 있다는 뜻을 가지고 있어요.

잠깐! 똑똑해진 남매의 퀴즈

 천 냥이라는 돈과 관련된 속담은 또 뭐가 있을까?

'남의 돈 천 냥이 내 돈 한 푼만 못하다'가 있어. 아무리 적어도 내가 직접 가진 것이 최고라는 거지 뭐.

 '서 푼 주고 집 사고 천 냥 주고 이웃 산다'는 속담도 있네.

집을 고를 때 집 자체보다 이웃을 더 신중히 봐야 한다는 뜻이야.

 북한 속담 중에도 '말하면 백 냥 금이요 입 다물면 천 냥 금'이라는 표현이 있어.

필요 없는 말은 하지 않는 게 좋다는 뜻 같네. 명심해, 알았지?

 엥? 나한테 왜 이러셔!

천 냥은 얼마나 큰돈일까?

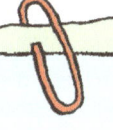

천 냥은 현재 가치로 얼마나 될까요? 직접 비교는 어렵지만, 18세기의 평균 쌀값은 1섬(약 144kg)에 5냥 정도였다고 합니다. 2021년 2월 기준으로 쌀 20kg 가격은 5만 4,900원입니다. 이걸 1섬으로 환산하면 약 39만 5,280원이 됩니다. 쌀 1섬이 5냥이고 5냥을 39만 5,000원으로 보면, 1냥은 지금 돈으로 7만 9,000원, 1,000냥은 7,900만 원이 됩니다. 지금으로 보아도 큰돈이지요. 참고로 18세기 당시 머슴의 한 달 월급이 7냥 정도였다고 합니다.

망건 쓰고 세수한다

옛날에 장가든 남자들은 머리털을 끌어올려 정수리 위에 틀어 감아 매었어요. 그걸 상투라고 하는데 상투 튼 머리가 흘러내리지 않도록 사용하는 것이 망건이었답니다. 세수를 먼저 하고 망건을 써야 하는데 망건을 쓰고 나서 세수를 하니, 일의 순서가 바뀌었음을 나타내는 표현입니다.

잠깐! 똑똑해진 남매의 퀴즈

순서와 관련된 속담에는 어떤 게 있을까?

어른들이 흔히 하시는 말씀 있잖아. '찬물도 위아래가 있다'.
어떤 일에나 순서가 있으니 그 차례를 따라야 한다는 말이래.

그렇구나. 우리가 흔히 '일거양득'의 뜻으로 사용하는
'도랑 치고 가재 잡는다'의 뜻 중에도 일의 순서가 바뀌었기 때문에
애쓴 보람이 나타나지 않는다는 것도 있지.

맞아, 그런 뜻도 있다고 했어.
그리고 '겨울이 지나지 않고 봄이 오랴'라는 표현도 있네.

세상 모든 일에는 일정한 순서가 있으니 급하다고 억지로 할 수는 없다는
뜻이라네. 그렇지, 학기가 끝나기 전에 방학이 올 리는 없으니까….

어른의 표시, 상투

옛날 남자들은 결혼을 하지 않았을 때는 머리를 길게 늘어뜨렸다가 결혼을 하거나 관례라 부르는 성인식을 거치면 머리카락을 정수리 위에 묶어 고정했어요. 이것을 상투라고 했지요. 그리고 그 머리가 흘러내리지 않도록 망건을 쓰고 그 위에 갓을 비롯한 각종 관을 썼답니다.

어린 나이에 결혼하는 것이 가능했던 옛날에는 나이가 어리더라도 결혼을 하면 상투를 틀고 어른 대접을 받았고, 본인보다 나이가 많더라도 결혼하지 않은 사람에게는 낮춤말을 하였다고 합니다. 상투와 관련된 이런 전통은 을미개혁 때 내린 단발령 이후 점차 사라지게 되었습니다.

명필은 붓을 가리지 않는다

명필은 글씨를 잘 쓰기로 유명한 사람들을 말해요. 명필들은 붓에 상관없이 글씨를 잘 쓴다는 의미예요. 반대로 실력이 부족한 사람들이 붓 탓을 할 때도 사용하는 말이랍니다. 결국 이 말은 자신의 실력이 부족함을 생각하지 않고 도구나 환경을 탓하는 걸 비꼬는 표현이에요.

잠깐! 똑똑해진 남매의 퀴즈

 글공부하는 방에는 꼭 있어야 한다는 물건들을 묶어서 부르는 말이 뭔지 아니?

그거야 문방사우지. 종이, 붓, 벼루, 먹을 한 번에 부르는 말이야. 문방사우 말고 붓글씨 쓰는 데 필요한 거 알고 있으면 한 가지만 이야기해 봐.

 그거 물 담아 두는 거 있는데…. 맞다, 연적! 겨우 생각났다. 그럼 넌 붓과 관련된 속담 하나만 이야기해 봐.

'글 못한 놈 붓이나 고른다'가 있어.

 무슨 뜻이야?

자신의 능력이 시원찮은 것은 생각하지 않고 공연히 다른 곳에서 원인을 찾으려 한다는 말이야.

누가 더 명필인가?

중국 당나라에는 저수량, 유공권, 우세남, 구양순이라는 네 명의 유명한 서예가가 있었어요. 그중에서 특히 구양순은 자신만의 독특한 글씨체를 완성한 뛰어난 인물이었어요.

어느 날 저수량은 다른 서예가인 우세남에게 구양순과 본인의 글씨 중 어느 것이 뛰어난지 물어보았어요. 둘 다 워낙 뛰어난 서예가였던지라 고심을 하던 우세남은 구양순이 낫다고 하며 그 이유로 이렇게 대답했어요.

"구양순 선생은 어떤 종이에 어떤 붓을 사용해도 자기 마음대로 글씨를 쓴다고 하는데, 자네는 아무래도 안 될 걸세."

이 이야기에서 명필은 붓을 가리지 않는다는 속담이 유래했어요.

모기 보고 칼 빼기

여름에 가장 성가신 존재인 모기, 모기를 발견하면 어떻게 하나요? 모기 채나 다른 도구를 이용해서 잡겠지요. 그런데 모기를 잡는 데 칼을 사용하다니요? 이 표현은 대단한 일이 아닌데 쓸데없이 크게 성을 내거나 아주 작은 일에 분별없이 함부로 용맹한 척하는 것을 말합니다.

잠깐! 똑똑해진 남매의 퀴즈

 모기와 관련된 속담에는 어떤 것이 있을까?

 '모기도 낯짝이 있지'라는 표현이 있어. 염치없고 뻔뻔스러움을 이르는 말이야. 또 '모기도 모이면 천둥소리가 난다'도 있네.

 그건 어떤 뜻이야?

 작고 약한 것이라도 많이 모이면 큰 힘을 낼 수 있다는 말이야.

 근데 그 속담은 좀 문제가 있는 것 같아. 천둥 치는 날은 아무 문제 없이 잘 수 있지만 모깃소리 나는 날은 제대로 잘 수 없거든. 그러니 모깃소리가 천둥소리보다 크다고 할 수 있는 거지.

 묘하게 설득되네.

예나 지금이나 성가신 모기

모기는 무척이나 성가신 존재입니다. 그건 옛날에도 다를 바 없었지요. 그래서 우리 조상님들은 일 년 내내 모기를 쫓기 위하여 정월 대보름 전후에 풀 등을 태워 연기를 내는 의식을 행하곤 했습니다.

그러면 모기가 많던 여름에는 어떻게 했을까요? 모기향을 피우거나 모깃불을 피워서 그 연기로 모기를 쫓았는데, 그때 많이 이용한 것이 쑥이나 비자나무였다고 합니다. 그 밖에 향신료로 많이 이용하는 초피나무도 모기 살충제로 이용하였다고 합니다.

모난 돌이 정 맞는다

모난 돌은 울퉁불퉁 튀어나온 곳이 있는 돌을 말해요. 정은 돌을 다듬기 위해 사용하는 끝이 뾰족한 연장이에요. 돌을 용도에 맞게 사용하려면 정으로 돌의 튀어나온 부분부터 정리해야 해요. 이 속담은 여기에서 유래한 말로 성격이 너그럽지 못하면 대인 관계가 원만할 수 없음을 뜻하는 말입니다. 너무 뛰어난 사람은 다른 사람의 미움을 받기 쉽다는 뜻으로 사용되기도 합니다.

잠깐! 똑똑해진 남매의 퀴즈

 돌과 관련된 속담도 많은 것 같아.

 '시냇가 돌 닳듯'은 시련을 당하는 모양을 나타낸 말이라는데 왠지 과학적이네.

 흠. 이 속담은 나와 어울리는데….

 뭘 또 찾은 거지?

 '효성이 지극하면 돌 위에 꽃이 핀다'. 딱 나잖아.

 지금은 아닌 것 같지만, 그렇게 말하니 내가 계속 지켜보기는 할게.

수원 화성의 놀라운 점

수원에는 조선 정조 임금 때 지은 화성이 있어요. 수원 화성은 아름다울 뿐만 아니라 군사 방어적인 면과 상업적인 면까지 두루 반영한 실용적인 성으로 알려져 있습니다. 1997년에 세계문화유산으로 지정되었는데, 세계문화유산 지정을 위해 사전 조사를 하러 왔던 유네스코 실무자들이 깜짝 놀란 점이 한 가지 있었어요. 그건 바로 화성의 건축에 관한 모든 기록이 『화성성역의궤』에 상세하게 남아 있다는 점이었어요. 이 책에는 건물의 큰 설계는 물론 각종 작업에 참여한 사람들에게 지급한 물품도 기록되어 있는데, 그중 돌장이(석수)에게 몽둥이·망치·정·비김쇠(커다란 돌에서 더 작은 돌로 쪼갤 때 많이 쓰는 쐐기꼴 정) 등을 지급하였다는 내용이 있어요.

모래 위에 선 누각

대부분 집을 지을 때 맨 처음 하는 일은 땅을 단단하게 다지고 집의 기초를 세우는 것이랍니다. 기초가 튼튼해야 집이 잘 설 수 있으니까요. 하지만 모래 위에 건물을 지으면 건물이 잘 버텨 줄 수가 없겠지요. 누각은 사방을 바라볼 수 있도록 문과 벽 없이 다락처럼 높이 지은 집을 말해요. 이 속담은 기초가 튼튼하지 못하여 오래가지 못할 물건이나 일을 나타낸 표현입니다.

잠깐! 똑똑해진 남매의 퀴즈

 이번 속담과 비슷한 뜻을 가진 속담에는 뭐가 있을까?

'모래 위에 쌓은 성', '모래 위에 선 집' 등이 같은 뜻이야.

 그 밖에 모래가 포함된 속담에는 어떤 것이 있을까?

'모래 위에 물 쏟는 격', '모래가 싹 난다'가 있네.

 어떤 뜻이야?

첫 번째 속담은 아무 소용이 없는 헛일을 하는 것을 이르는 말이고, 두 번째 속담은 절대로 있을 수 없는 일을 고집부리는 경우를 이르는 말이야.

집에 좋은 기운을 주는 터다지기 노래

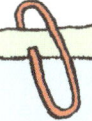

일을 하면서 노래를 흥얼거릴 때가 있지요. 옛날 사람들도 마찬가지였어요. 일의 능률을 높이거나, 힘든 것을 잊고 재미있게 일하기 위해 부르는 노래를 '노동요'라고 해요.

노동요 중에 터다지기 노래가 있어요. 터다지기 노래는 집터닦기, 터다듬기 노래 등으로 불리기도 하는데 집터를 다지며 흥겹고 억세게 부르는 게 특징이에요. 터다지기 노래는 대부분 좋은 산의 정기가 내린 집터를 다져 좋은 재료로 집을 지어 놓으면 효자와 충신이 가득하고 자손이 많고 부유하게 된다는 내용을 담고 있답니다.

목구멍이 포도청

포도청은 조선 시대에 범죄자를 잡거나 다스리는 일을 맡아 보던 관청을 말해요. 음식을 넘기는 목구멍이 잘못을 해서 포도청에 가게 되었다는 말로 잘못된 방법으로 얻은 음식을 목구멍으로 넘긴 죄를 저지른 것, 즉 먹고살기 위해서 해서는 안 되는 일까지 하게 되었음을 뜻하는 말이랍니다. 요즘 표현으로 하자면 생계형 범죄라는 말과 뜻이 통하겠네요.

잠깐! 똑똑해진 남매의 퀴즈

포도청과 관련된 속담이 여럿 있는 것 같아.

 '입이 포도청', '사흘 굶으면 포도청의 담도 뛰어넘는다' 등이 있어.

'포도청의 문고리 빼겠다'는 표현도 있네.
지금으로 따지면 경찰서의 물건을 훔치는 거군.
대담하고 겁이 없는 사람의 행동을 비유하는 말이래.

 '숨다 보니 포도청 집이라'는 속담도 있어.

피하여 숨는다는 것이 잡히면 혼나게 되는 포도청으로 들어갔다는 뜻으로,
어떤 일이 뜻밖의 낭패를 보는 경우를 말한대.

포도청이 뭐예요?

포도청은 조선 시대 치안을 담당하던 기관으로 지금의 경찰서와 비슷한 역할을 하던 곳이에요. 포도청에는 좌포도청과 우포도청이 있었어요. 그곳의 대장을 포도대장, 그 밑의 부하들을 포졸이라고 했어요. 조선 시대는 특히 남녀의 구분이 유별했던 시기인지라 여자와 관련된 사건을 수사하거나 여성에 대한 수색을 담당하는 '다모'라 불리는 여자 기관원도 있었답니다. 현재 경찰 마스코트의 이름이 포돌이, 포순이인데 그 이름의 포 자는 포도청의 포 자와 POLICE의 PO를 따서 만든 거라고 해요.

목마른 놈이 우물 판다

예전에는 지금처럼 수도 시설이 갖춰져 있지 않았어요. 그 대신 집집마다 혹은 마을마다 물을 길을 수 있는 우물이 있었어요. 땅을 파서 지하수가 고이게 한 곳이지요. 목이 마른 사람은 당장 물이 필요한데 마실 물이 없다면 우물이라도 파야겠지요. 그런 의미에서 이 속담은 그 일이 제일 필요하고 급한 사람이 그 일을 서둘러 하게 되어 있다는 뜻을 가지고 있습니다.

잠깐! 똑똑해진 남매의 퀴즈

 '목마른 놈이 우물 판다'와 비슷한 뜻을 가진 속담은 뭐가 있을까?

'갑갑한 놈이 우물 판다'가 있어.

 그럼 우물과 관련된 속담에는 뭐가 있을까?

'우물에 가 숭늉 찾는다', '우물을 파도 한 우물을 파라' 등이 있어.

 첫 번째 속담은 너무 급하게 덤벼드는 모습을 뜻하는 것 같은데 두 번째는 무슨 뜻이야?

하는 일을 너무 자주 바꾸면 오히려 성과가 없으니 어떤 일을 하든 끝까지 하여야 성공할 수 있다는 뜻이야.

물을 깨끗하게, 우물 치기

선사 시대부터 사람들이 모여 사는 곳의 중심에는 물이 있었어요. 처음에는 큰 강이나 하천 근처에 모여 살았지만, 점점 인구가 많아지면서 지하수를 이용하게 되었어요. 지하수를 이용하기 위해서 땅을 파 낸 것이 우물이에요.

우물은 몇 년에 한 번씩 청소를 하였어요. 이를 '우물 친다.'고 했는데 주로 칠월 칠석에 하거나 장마가 끝난 뒤에 했어요. 사다리를 놓고 직접 들어가서 바닥에 쌓인 것이나 실수로 우물에 빠뜨린 물건 등을 건져 내서 우물이 깨끗하게 유지되도록 노력했답니다.

물에 빠진 놈 건져 놓으니까 내 봇짐 내라 한다

봇짐은 등에 지기 위해 물건을 보자기에 싸서 꾸린 짐을 말해요. 지금의 배낭과 비슷한 역할을 하는 것이죠. 그런데 물에 빠진 사람을 힘들게 건져 놓았더니 자신의 가방을 내놓으라고 해요. 정말 어처구니가 없는 일이지요. 이처럼 도움을 주었더니 고마움도 모르고 생트집을 잡는 것을 이르는 말이에요.

잠깐! 똑똑해진 남매의 퀴즈

 물이랑 관련된 표현은 너무나 많지만 생각나는 것 몇 개만 이야기해 볼까?

'물에 빠져도 정신을 차려야 산다'가 생각나.

 '호랑이에게 물려가도 정신만 차리면 산다'와 비슷한 표현인가 보네. 그럼 나는 이런 표현이 생각나. '물에 물 탄 듯 술에 술 탄 듯'.

어떤 확실한 생각 없이 말이나 행동이 분명하지 않다는 뜻이네. 속담은 아니지만 '찬물을 끼얹다'도 있어.

 잘되어 가고 있는 일의 분위기를 흐리는 걸 말하는 거군. 난 또 진짜 자고 있는데 찬물 끼얹는 건 줄 알고….

호오, 그거 갑자기 화악 끌리기는 하네.

 아서라, 우리 최소한 선을 지키자고!

여행의 필수품, 봇짐

옛날에는 지금 같은 가방이 없었어요. 가방을 대신하는 물건이 여러 가지 있었는데 그중 하나가 보자기예요. 보자기에 작은 물건들을 싸서 등에 지기 위해 꾸린 짐을 봇짐이라고 했어요. 비슷한 말로 괴나리봇짐이라고 부르기도 했지요. 지금처럼 교통이 발전하지 않았던 시절에 걸어서 여행하던 사람들에게 봇짐은 꼭 필요한 것이었어요. 봇짐 안에 갈아입을 옷이나 돈, 붓과 같은 필기도구 등을 넣어서 다녔다고 합니다. 갈아 신을 짚신을 하나씩 달기도 하고 말이지요.

밑 빠진 독에 물 붓기

독은 간장, 술, 김치 등을 담가 두는 데에 쓰는 큰 질그릇 등을 말해요. 흔히 말하는 장독대에 모여 있는 그것들이 바로 독이에요. 그런데 독의 아래가 깨졌거나 아예 없다면 아무리 물을 부어도 물을 채울 수가 없겠지요. 이 속담은 이처럼 아무리 힘과 비용을 들여 노력해도 보람 없이 헛된 일이 되는 상태를 비유적으로 나타낸 표현입니다.

잠깐! 똑똑해진 남매의 퀴즈

 독은 지금도 많이 사용하는 물건이니 관련된 표현이 많을 것 같은데 어떤 것이 있을까?

'장독보다 장맛이 좋다'라는 표현이 있어. '뚝배기보다 장맛'과 비슷하게 사용되는 것 같아.

 그러네. 그럼 장독은 나왔으니까, 북한 속담에는 '꺼내 먹은 김칫독 같다'는 표현이 있네.

제구실을 다 해서 쓸모없게 된 물건을 비유적으로 이르는 말이라는데, 김칫독이 일회용도 아니고. 호호~

 '독장수구구는 독만 깨뜨린다'는 표현도 있는데 재미있네.

현실성 없이 허황되게 계산하다 오히려 손해 본다는 뜻이구나.

장독은 왜 닦는 걸까요?

'독'은 간장, 된장, 고추장 같은 장류를 비롯한 조미료나 물, 술, 곡물 등을 담아 두는 큰 질그릇 등을 말해요. 곡물이 담긴 독은 헛간이나 곳간에 두고, 각종 장류가 담긴 독은 집 안에서 햇볕이 잘 드는 곳에 돌 등을 쌓아 장독대를 만들어 보관했어요.

장이 담긴 독은 관리를 잘못하면 장이 상할 수 있어서 잘 관리해야 했어요. 깨끗한 천으로 장독을 잘 닦아 주거나 햇볕이 좋은 날 뚜껑을 열어 두기도 하면서 말이에요. 뚜껑을 종종 열어 두는 이유는 햇볕이 유해 미생물을 제거하고 유익한 미생물의 증식을 향상시켜 발효에 도움을 주기 때문이에요.

바늘 도둑이 소 도둑 된다

농사가 중심이던 옛날에는 가장 중요한 재산 중의 하나가 소였어요. 이 속담은 처음에는 아주 작은 바늘을 훔치던 사람이 점점 반복하다 보면 크고 귀한 소까지 훔치게 된다는 뜻으로 자그마하더라도 나쁜 일을 자꾸 하게 되면 나중에는 큰 죄를 저지르게 되는 것을 이르는 말입니다. 나쁜 습관이 드는 것을 경계하기 위해서도 사용됩니다.

잠깐! 똑똑해진 남매의 퀴즈

 도둑과 관련된 표현에는 어떤 것이 있을까?

 '밤이슬 맞는 놈', '찬 이슬 맞는 놈' 등이 있는데 도둑을 비유적으로 나타내는 거래.

 맞아. '양상군자'도 도둑을 뜻하는 말이지.

 '도둑이 제 발 저리다'도 있어. 지은 죄가 있으면 자연히 마음이 조마조마해진다는 것을 나타낸 속담이래.

 '늦게 배운 도둑이 날 새는 줄 모른다'는 속담도 있어.

 남보다 늦게 재미를 느낀 사람이 그 일에 더 집중하게 되는 걸 말하는 거잖아.

바느질 도구가 주인공인 작품

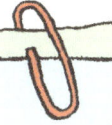

지은이와 지어진 시기가 알려지지 않은 「규중칠우쟁론기」라는 수필이 있어요. 과거 여성들의 생활공간이었던 규방을 배경으로 부인들이 바느질에 사용하는 '자, 바늘, 가위, 실, 골무, 인두, 다리미'를 사람에 빗대어 표현한 작품이에요. 각각의 도구들은 자신의 공이 크다고 서로 자랑하다가 나중에는 서로를 동정하는 모습을 보여 주기도 해요. 바느질 도구들의 생김새와 쓰임새를 생동감 있게 잘 나타내었다고 평가받는 작품이랍니다.

바늘방석에 앉은 것 같다

바늘방석은 바늘을 꽂아 둘 목적으로 헝겊 속에 솜이나 머리카락을 넣어 만든 물건이에요. 만약 이 바늘방석에 실수로 앉는다면 정말 상상도 하기 싫을 만큼 따갑겠죠? 이에 빗대어 앉아 있기에 아주 불편하고 어색한 자리를 나타내는 말로 사용되고 있습니다.

잠깐! 똑똑해진 남매의 퀴즈

바늘과 관련된 속담에는 어떤 것이 있을까?

제일 유명한 건 '바늘 도둑이 소 도둑 된다' 아니겠어? 작은 나쁜 일이라도 자꾸 하면 습관이 되어 큰 죄를 저지르게 된다는 말이야.

응, 나도 알아. 그것 말고 '바늘 가는 데 실 간다'는 표현도 있네. 사이가 무척 가까운 사이의 사람들을 이야기하는 거래.

이것 웃긴다. '바늘 들고 바늘 찾는다'.

그거 뭔지 알 것 같아. 가까이 있는데 못 찾아 헤매는 거 말하는 거지?

맞아. 휴대 전화 손에 쥐고 맨날 찾는 사람들에게 어울리는 속담인 것 같아.

바느질과 관련된 예술 작품들

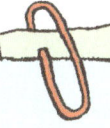

바늘 노래, 바느질 노래, 「규중칠우쟁론기」, 「조침문」은 과거 우리나라 여성들의 생활 모습 중 바느질에 관한 모습을 엿볼 수 있는 문화유산입니다. 바늘 노래는 바느질하는 바늘을 소재로 한 노래이고, 바느질 노래는 바느질을 하며 부르는 노래로 바늘 노래와 함께 부르기도 하였다고 합니다. 「규중칠우쟁론기」는 바느질에 사용하는 도구들을 사람들에 빗대어 표현한 작품이고, 「조침문」은 한 부인이 27년간 사용했던 바늘이 부러지자 그 안타까운 마음을 표현한 글로서 바늘을 사람에 비유하여 제사에 사용하는 제문을 지은 것입니다.

바람 따라 돛을 단다

바람으로 움직이는 배는 바람에 따라 돛을 조정하는 것이 아주 중요해요. 이 속담은 바람에 따라 돛을 조정하여 배를 움직이게 하는 것처럼 때를 잘 맞추어 일을 벌여 나가야 좋은 결과가 있다는 것을 나타내는 표현이에요. 혹은 일정한 주관 없이 기회를 보다 조건이 좋은 쪽으로 이리저리 흔들리는 모양을 비꼬는 표현이기도 합니다.

잠깐! 똑똑해진 남매의 퀴즈

 이번 속담과 비슷한 뜻을 가진 표현에는 어떤 것이 있을까?

'바람 부는 대로 돛을 단다', '바람세에 맞추어 돛을 단다' 등이 있어. 비슷비슷하지?

 그러네. 그럼 바람과 관련된 속담에는 어떤 것이 있을까?

가장 유명한 것은 '바람 앞의 등불'이겠지.

 매우 위태로운 상황이라는 뜻인 것, 그 정도는 잘 알지.

배 만드는 기술이 뛰어난 우리나라

세계지도를 살펴보면 스위스, 오스트리아, 몽골, 볼리비아 등 바다가 없는 나라가 몇몇 있어요. 이런 나라들과 달리 우리나라는 삼면이 바다로 둘러싸여 다양한 해안의 생활양식이 잘 나타나는 나라예요. 바다와 마찬가지로 큰 강도 여럿 있어서 옛날부터 배를 만들거나 다루는 기술이 잘 발달되어 있었지요.

『고려사』라는 책에는 고려가 원나라와 함께 일본을 정벌하기 위해 배를 만들 때 중국식으로 만들면 비용과 시간이 더 많이 들어 고려식으로 만들었다는 기록이 남아 있어요. 임진왜란 때 큰 활약을 한 판옥선 역시 그 수가 많은 편이 아니었으나, 일본의 배보다 크고 튼튼하여 수군의 승리를 이끄는 데 큰 역할을 했어요. 우리가 잘 아는 거북선도 판옥선을 바탕으로 만든 거예요.

방귀 뀐 놈이 성낸다

방귀는 자연스러운 인체 현상이니 사람들이 있는 곳에서 뀌게 될 수도 있어요. 하지만 주변 사람에게 미안해하기는 해야겠지요. 그런데 방귀를 뀐 사람이 도리어 화를 낸다면 어떨까요? 이 속담은 이러한 것을 빗대어 잘못을 저지른 쪽에서 오히려 다른 사람에게 성내는 것을 비꼬는 말로 사용됩니다.

잠깐! 똑똑해진 남매의 퀴즈

 이번 속담과 비슷한 표현은 어떤 것이 있을까?

'똥 싸고 성낸다'가 있어.

 표현이 좀 더 센데?

그렇지? '소경 개천 나무란다', '도둑이 매를 든다'는 표현도 있어.

 '도둑이 매를 든다'는 표현은 고사성어로도 있는 것 같은데….

맞아. '적반하장'과 같은 뜻이야.

방귀는 자연스러운 거예요

우리나라 전래동화나 설화 중에는 방귀와 관련된 이야기가 여럿 있어요. 가볍게 듣고 웃을 수 있는 이야기들이지요. 대표적인 것으로 갓 시집온 며느리의 방귀 참는 이야기, 방귀로 도둑 잡는 이야기, 방귀 시합 이야기가 있어요. 특히 방귀 시합 이야기는 전해지는 곳에 따라 조금씩 차이가 있지만 대부분 절구통과 같은 무거운 물건을 서로 날리며 대결하는, 과장되면서도 웃긴 이야기가 그 특징이지요. 대부분의 방귀 이야기에는 방귀는 누구에게나 자연스러운 것이니 실수하더라도 아량으로 받아 주자는 마음이 깔려 있답니다.

백지장도 맞들면 낫다

백지장은 하얀 종이 한 장을 말해요. 하얀 종이 한 장을 굳이 같이 들 필요가 있을까요? 오히려 불편할 것 같다는 생각이 들기도 하네요. 하지만 이 속담은 백지장을 드는 것처럼 아주 쉬운 일도 함께 힘을 합쳐서 하면 더 쉽다는 뜻으로 사용됩니다.

잠깐! 똑똑해진 남매의 퀴즈

 종이와 관련된 속담에는 어떤 것이 있을까?

'흰 것은 종이요 검은 것은 글씨라' 이것 많이 들어 보지 않았어?

 난 전혀 안 들어 봤어. 무식하다고 놀리는 거잖아.

맞아. 그리고 '사람은 백지 한 장의 앞을 못 본다'는 표현도 있어.

 어떤 뜻이야?

사람은 앞일에 대하여 한 치 앞도 알 수 없다는 뜻이래.

우리나라의 종이, 한지

한지를 처음 만든 시기가 언제인지는 정확히 알려져 있지 않아요. 중국에서 불교와 함께 전해진 것이 아닐까 추측하고 있지요. 하지만 중국에서 마, 죽순 등을 사용한 것과 달리 우리나라에서는 닥나무를 사용하여 더 우수한 종이인 한지를 만들었어요.

한지는 질이 좋아 옛날 중국 기록에도 희고 질기며, 먹이 잘 먹어 좋고, 중국에 없는 진품이라고 쓰여 있을 정도였습니다. 게다가 석가탑에서 발견된 세계에서 가장 오래된 목판 인쇄물인 「무구정광대다라니경」은 1,000년이 넘는 동안 형태를 유지해 또 한 번 닥종이의 우수성을 알릴 수 있었어요.

뱁새가 황새걸음을 걸으면 가랑이가 찢어진다

뱁새는 키가 작은 새예요. 반면에 황새는 키가 큰 새지요. 다리가 짧은 뱁새가 긴 다리의 황새처럼 걸으려 하니 가랑이가 찢어진다는 뜻이에요. 남이 한다고 하여 자신이 감당할 수 없는 일을 억지로 하다가 도리어 화를 당하게 된다는 뜻입니다.

잠깐! 똑똑해진 남매의 퀴즈

 이번 속담과 비슷한 속담이 뭐가 있을까?

'촉새가 황새를 따라가다 가랑이 찢어진다', '참새가 황새걸음 하면 다리가 찢어진다'가 제일 비슷하지.

 뱁새, 촉새, 참새 모두 작은 새들이네. 왠지 좀 슬프네.

억지로 남을 따라 하기보다는 자신의 장점을 찾고 자신을 사랑하는 게 중요한 거지.

 그렇긴 하지. '털도 아니 난 것이 날기부터 하려 한다'는 표현도 비슷한 뜻이네.

천연기념물 황새

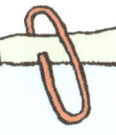

황새의 원래 이름은 한새였다고 해요. 한새의 한은 크다는 뜻으로 그 발음이 변해서 황새가 되었다고 해요. 황새는 실제로 몸길이가 1m가 넘고 날개를 펼치면 2m나 되는 큰 새예요. 옛날에는 우리나라에 널리 퍼져 있던 텃새였는데 환경오염과 불법 사냥 등으로 인해 현재 우리나라에는 겨울철에만 잠시 머문다고 해요. 국제적으로 3,000마리 정도밖에 남아 있지 않아 환경부 멸종위기 야생생물 I급이며 천연기념물 제199호로 지정되어 있답니다.

벼룩의 간을 내먹는다

벼룩은 정말 작은 벌레예요. 그 작은 벌레의 간을 빼서 먹는다니 그만큼 작고 보잘것없는 것까지 뺏는다는 뜻이지요. 이 표현은 하는 짓이 몹시 인색하거나, 매우 어려운 처지에 있는 사람의 조그만 이익까지 뺏는다는 의미로 사용돼요.

잠깐! 똑똑해진 남매의 퀴즈

 이번 속담과 비슷한 표현이 무엇이 있을까?

'참새 앞정강이를 긁어 먹는다', '모기 다리에서 피 뺀다' 등이 있어.

 과장 정도가 심해서 정말 아무것도 없는 것에서 빼앗아 가는 수준이야.

맞아. 그리고 '어린아이 가진 떡도 뺏어 먹겠다'도 있어.

 우와 진짜 못됐다. 어린아이가 가진 떡뿐만 아니라 초콜릿, 아이스크림, 라면, 붕어빵 뺏어 먹는 거 그거 정말 나쁜 거지.

어이, 나 들으라고 하는 얘기냐?

작지만 무시무시한 벼룩

벼룩은 평균 2~4mm로 아주 작은 곤충이에요. 그 조그만 벌레가 사람과 동물의 피를 빨아먹는데, 물린 자리가 무척 가려워요. 각종 전염병을 옮기기도 하는데, 전 유럽을 공포로 몰아넣었던 흑사병도 벼룩이 옮긴 것이었어요.

그래서 옛날부터 조상들은 벼룩을 없애기 위해서 여러 가지 노력을 했어요. 『증보산림경제』라는 책에서는 창포·파를 비롯한 재료들을 가루로 만들어 자리에 뿌리는 방법을 제시했다는 내용이, 다른 책에서는 사향이 벼룩을 없앤다는 내용이 있어요. 지금은 진공청소기나 제습기 등을 이용해서 쉽게 없앨 수 있어요.

벼 이삭은 익을수록 고개를 숙인다

가을에 온통 들판이 황금색으로 변했을 즈음 벼를 살펴보면 벼 이삭의 무게를 이기지 못해 벼가 한쪽으로 고개를 숙이고 있는 것을 볼 수 있어요. 이 속담은 속이 꽉 차게 익을수록 고개를 숙이는 벼처럼 지식과 교양이 뛰어난 사람일수록 겸손하다는 것을 비유적으로 나타낸 말입니다.

잠깐! 똑똑해진 남매의 퀴즈

 이번 속담과 관련된 표현에는 어떤 것이 있을까?

반대되는 표현은 알 것 같아. '빈 수레가 요란하다'가 있어.

 그러네. 비슷한 뜻을 가진 표현은 없을까?

'곡식 이삭은 익을수록 고개를 숙인다'가 있어.

 '병에 찬 물은 저어도 소리가 나지 않는다'는 것도 비슷한 뜻인 것 같아.

겸손하라는 뜻의
'지위가 높을수록 마음은 낮추어 먹어야'라는 표현도 있네.

세계에서 가장 오래된 소로리 볍씨

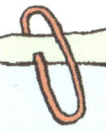

벼는 우리나라에서 주식으로 가장 많이 먹는 쌀을 생산하는 곡물이에요. 전 세계에서 옥수수 다음으로 많이 생산되는 곡물이라고 해요. 우리나라는 아주 오래 전부터 벼농사를 해 왔는데, 특히 충북 청주시에서 발견된 '소로리 볍씨'는 1만 3,000년부터 1만 5,000년 전의 것으로 밝혀졌어요. 이는 지금까지 발견된 세계에서 가장 오래된 볍씨랍니다.

부뚜막의 소금도 집어넣어야 짜다

옛날 부엌에서는 불을 지피기 위해 아궁이를 만들고 그 위에 솥을 걸어 음식을 했어요. 그 주변에 흙과 돌을 섞어 쌓아 편평하게 만든 부분이 바로 부뚜막이에요. 이 속담은 솥 바로 옆 부뚜막에 있는 소금이라도 넣지 않으면 음식이 제대로 되지 않는다는 뜻으로, 아무리 손쉬운 일이라도 하지 않으면 이룰 수 없다는 것을 뜻하는 말입니다.

잠깐! 똑똑해진 남매의 퀴즈

 부뚜막과 관련된 속담에는 어떤 것이 있을까?

 흔히 들었던 '얌전한 고양이 부뚜막에 먼저 올라간다'가 있지. 겉으로는 얌전하고 아무것도 못할 것처럼 보이는 사람이 딴짓을 하거나 자기 실속을 다 차리는 경우를 말한대.

 '제 코도 못 씻는 게 남의 부뚜막 걱정한다'라는 표현도 있네. 자기 일도 감당하지 못하면서 남의 일에 참견하는 걸 비꼬는 말이래.

 그렇군. '부뚜막에 앉아 굶어 죽겠다'도 있는데 수완이 없고 몹시 게으른 사람을 비꼬는 말이래.

 우리가 들을 일은 없겠네. 우린 밥 하나는 기가 막히게 챙겨서 먹잖아.

 그렇지. 근데 꼭 밥 먹는 것만 이야기하는 건 아닌 것 같아.

부뚜막은 어떤 곳이었을까?

불을 발견하면서부터 사람들의 삶에는 큰 변화가 생겼어요. 바로 음식을 익혀 먹거나 집을 따뜻하게 하는 데 불을 사용하게 된 것이지요. 우리 조상들이 주로 불을 사용하던 곳이 부엌이고 부엌의 중심이 바로 부뚜막이라고 할 수 있지요. 지금은 비록 찾아보기 힘들어졌지만, 부뚜막은 고구려 벽화에서도 그 모습을 찾아볼 수 있을 만큼 오랜 역사를 가졌어요.

부뚜막은 음식을 하는 곳이므로 늘 깨끗하게 관리되어야 했고, 부뚜막의 청결 여부로 살림 솜씨를 엿보기도 했어요. 그래서 부뚜막에 사람이 걸터앉는 것을 금지하였고, 이곳에 부엌의 신인 조왕신을 모셔 두기도 했어요.

부지런한 물방아는 얼 새도 없다

물방아는 물의 힘으로 공이를 오르내리게 하여 곡식을 찧거나 빻는 기구를 이르는 말이에요. 날씨가 아주 추울 경우 물이 끊이지 않고 흘러서 계속 돌아가는 물방아는 얼지 않겠지만 그렇지 않은 물방아는 얼어서 사용할 수가 없겠지요. 이 속담은 이처럼 무슨 일이든 쉬지 않고 성실히 해야 문제가 생기지 않고 잘 이루어진다는 뜻을 나타낸 말입니다.

잠깐! 똑똑해진 남매의 퀴즈

부지런하다는 것과 관련된 표현에는 어떤 것이 있을까?

 '늘 쓰는 가래는 녹이 슬지 않는다', '흐르는 물은 썩지 않는다' 같은 표현이 있네.

가래가 뭐야?

 가래는 흙을 파헤치거나 떠서 던지는 도구야.

그렇구나. '부지런한 벌은 슬퍼하지 않는다'는 표현도 있네. 자기 일에 충실한 사람은 비관하거나 불평하지 않는다는 뜻이래.

 슬프면 슬퍼할 줄도 알아야지.
그냥 두면 병 된다고 어른들이 그러셨는데….

방아는 어떤 도구일까요?

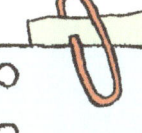

방아는 곡물의 겉껍질을 벗기거나 빻아서 가루를 내는 데 쓰는 연장이에요. 방아의 종류는 무척 많아요. 그중 물방아는 물의 힘을 이용해서 곡식을 빻는 방아인데 주로 물의 양이 적은 곳에서 이용했다고 해요. 물방아가 곡식을 빻는 원리는 시소와 비슷해요. 물이 물받이에 차면 공이가 올라가고, 물받이의 물이 쏟아지면 공이가 내려가는 식으로 곡식을 빻았답니다.
물방아와 관련된 재미있는 사실 중 하나는 산간 지방에서는 밤이면 공이 쪽에 양철통을 매달아 큰소리가 나게 해서 멧돼지 등을 쫓곤 했다고 해요. 그래서 벼락방애라고 불렀다고도 해요.

빛 좋은 개살구

개살구는 개살구나무의 열매입니다. 우리가 흔히 먹는 살구보다 맛이 시고 떫어요. 그런데 개살구가 보기에는 먹음직스러운 빛깔을 띠고 있다면 맛있지 않을까 하는 생각이 들기도 하겠지요. 이 속담은 이처럼 겉으로 보기에는 그럴듯하지만 실제로는 그렇지 않은 경우를 비유적으로 이르는 말입니다.

잠깐! 똑똑해진 남매의 퀴즈

 겉보기와 관련된 표현에는 어떤 것이 있을까?

'고드름 초장 같다'는 표현이 있어. '빛 좋은 개살구'와 비슷한 뜻이야.

 음, '속 빈 강정'도 비슷한 뜻을 가진 속담이야.

그렇구나. 반대되는 뜻으로 '크고 단 참외'도 있어.

 무슨 뜻이야?

겉보기도 좋고 실속도 있어 마음에 드는 물건을 나타내는 말이래.

 겉보기와 관련된 표현에는 먹을 것과 관련된 것이 많네. 괜히 배고파지게 말이지.

다른 낱말 앞에 사용된 '개'의 뜻은?

개는 우리에게 친숙한 동물이지만 다른 낱말 앞에 붙은 '개'라는 말은 여러 가지 부정적인 의미를 가질 때가 많아요. 먼저 '야생 상태의 것', '질이 떨어지는'의 뜻으로 사용되는 낱말에는 개꿀, 개떡, 개암(개+밤), 개살구 등이 있어요. 두 번째로 '헛된', '쓸데없는'의 뜻으로 사용되는 낱말에는 개꿈, 개나발, 개수작 등이 있고요. 마지막으로 '개망나니'처럼 부정적인 뜻을 가진 낱말에 붙어서 '정도가 심하다.'는 뜻으로 사용될 때도 있어요.

뿌린 대로 거둔다

어떤 일에는 원인과 결과가 있기 마련입니다. 이를 농사일에 비유한 속담입니다. 씨를 뿌리는 시기에 어떤 씨앗을 어떻게 뿌렸는지에 따라 수확하는 시기에 수확하는 작물과 그 양이 달라지게 마련이겠지요. 이 속담은 이처럼 자신이 어떻게 행동했는지에 따라 그 결과가 결국 자신에게 돌아간다는 뜻을 지닌 표현입니다.

잠깐! 똑똑해진 남매의 퀴즈

이번 속담과 비슷한 뜻을 가진 표현에는 어떤 것이 있을까?

'콩 심은 데 콩 나고 팥 심은 데 팥 난다'가 제일 비슷할 것 같아.

'아니 땐 굴뚝에 연기 날까'와
'죄는 지은 데로 가고 덕은 닦은 데로 간다'도 있어.

오~ 비슷하네. 사자성어에도 비슷한 게 있는 것 같아.

'인과응보', '자업자득' 말이지?

맞아. 이런 표현들은 잘못한 것이 없는데도 행동을 조심해야겠다는 생각이 들게 만드는 묘한 힘이 있어.

평소에 잘하셨어야지요

추나라와 노나라가 전쟁을 하고 있었어요. 그런데 추나라 군사들은 싸울 생각은 하지 않고 도망만 쳤어요. 이에 답답한 마음에 추나라 왕은 추나라에 있던 학자 맹자에게 도움을 요청했어요. 그러자 맹자는 이렇게 대답했어요. "모든 것은 뿌린 대로 거두는 법입니다. 임금과 신하들 중 누구도 추나라 백성들이 굶주렸을 때 도와준 적이 없으니, 어느 누가 나서서 싸우려 하겠습니까?" 이 이야기에서 뿌린 대로 거둔다는 속담이 유래했어요.

사공이 많으면 배가 산으로 간다

사공은 배를 부리는 일을 하는 사람, 즉 배를 조종하는 사람이에요. 사공이 여러 명이라 제대로 된 결정이 내려지지 않으면 배가 엉뚱한 곳으로 간다는 뜻으로, 결정을 내리는 사람 없이 여러 사람이 자기주장만 내세우면 어떤 일이라도 제대로 되기 어렵다는 뜻이에요.

잠깐! 똑똑해진 남매의 퀴즈

 이번 속담과 비슷한 뜻을 가진 표현이 여럿 있다고 해.

 어디 보자. '목수가 많으면 집을 무너뜨린다', '목수가 많으면 기둥이 기울어진다'는 표현이 있네.

 '상좌가 많으면 가마솥을 깨뜨린다', '숙수가 많으면 국수가 수제비된다'는 표현도 있어.

 상좌, 숙수 이게 뭐야?

 상좌는 여러 스님 중에서 높은 사람을 말하는 거고, 숙수는 요리사와 비슷한 뜻을 가진 말이야.

손돌목의 유래

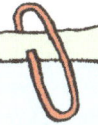

김포문화원에서는 매년 음력 10월 20일에 한 무덤에서 제사를 지내요. 그 무덤의 주인은 뱃사공이었던 손돌이에요.
전설에 따르면 원나라의 침략으로 피난길에 오른 고려 고종은 손돌의 배에 탔는데 물살이 거칠어 배가 몹시 흔들렸대요. 이에 손돌을 역적으로 오해한 왕과 신하들이 손돌을 처형하고 말아요. 그러나 손돌은 죽기 전에 왕에게 작은 바가지를 주며 이 바가지를 따라가면 무사히 강화도에 도착할 거라 말해요.
무사히 강을 건넌 왕은 자신의 경솔함을 후회하고 손돌의 묘를 만들어 주었어요. 지금도 손돌이 목숨을 잃은 곳을 손돌목이라 하고, 손돌이 숨을 거두었던 시기에 부는 바람과 추위를 손돌바람·손돌추위라고 부른답니다.

산 입에 거미줄 치랴

산 입은 살아 있는 사람의 입, 그러니까 살아 있는 사람을 뜻해요. 아무리 살림이 없어 식량을 구하기 힘들어도 그럭저럭 먹고 살아갈 수 있다는 뜻을 비유적으로 이르는 표현이에요.

잠깐! 똑똑해진 남매의 퀴즈

 거미와 관련된 표현에는 어떤 것이 있을까?

'거미는 작아도 줄만 잘 친다'가 있네.
모양은 비록 작아도 제 할 일은 다 한다는 말이라네.

 '거미도 줄을 쳐야 벌레를 잡는다'는 속담도 있어.
무슨 일이든지 준비가 필요하다는 뜻이래.

'거미줄 따르듯'이라는 표현도 있네.
밀접한 관계가 있어서 서로 떨어지지 않고 따라다닌다는 뜻이야.

 '바늘 가는 데 실 간다'라는 속담과 비슷한 뜻인가 보네.

죽어서도 나라를 도운 황희

황희는 정승으로 오랜 기간 일했지만 청렴했던 탓에 그의 집은 항상 가난했습니다. 전해 오는 이야기에 따르면 황희가 임종을 앞두게 되자 그의 두 딸은 장례를 치를 일까지 걱정할 수준이었지요. 그 모습을 본 황희는 "공작은 거미를 먹지만 산 사람 입에 거미줄 치지 않는다."는 말을 남겨요. 그 뒤 명나라에서 조선을 시험해 보려고 공작을 보내왔는데, 공작이 무엇을 먹고 사는지 아무도 알지 못했지요. 이때 황희의 딸들이 아버지의 이야기를 전하면서 조선에서 공작을 제대로 키울 수 있게 되었어요. 그와 더불어 황희 정승 가족의 어려웠던 사정을 주위에서 알게 되어 도움을 받을 수 있게 되었다고 합니다.

생일날 잘 먹으려고 이레를 굶는다

이레는 7일을 뜻하는 순우리말이에요. 생일날은 맛있는 것을 많이 먹을 수 있으니 누구나 기다리는 날이지만, 일주일이나 굶으면서 기다리는 건 어리석은 일이겠지요. 이 속담은 이처럼 어떻게 될지도 모르는 일에 미리부터 지나치게 기대하는 것을 비유적으로 표현한 말이랍니다.

잠깐! 똑똑해진 남매의 퀴즈

 이번 속담은 지나치게 기대하는 것에 대한 속담이잖아. 그러면 기대와 관련된 다른 표현에는 어떤 것이 있을까?

이번 속담과 비슷한 뜻을 가진 '꿈도 꾸기 전에 해몽'이라는 속담이 있어.

 전혀 기대하지 않았는데 갑자기 나타난다는 뜻의 속담으로 '땅에서 솟았나 하늘에서 떨어졌나'도 있어.

많이 들어 본 거네. '고목에 꽃이 피랴'라는 속담도 들어 봤지?

 별로 기대할 것이 없는 것에 희망을 걸 필요가 없다는 뜻이잖아.

날짜 세는 법을 알아볼까요?

날짜를 세는 법을 잘 알고 있나요? 다시 한 번 확인해 볼까요?
1일은 하루, 2일은 이틀이에요. 2틀이라고 쓰면 잘못된 것이랍니다. 그리고 3일은 사흘이라고 해요. '사'가 들어갔다고 사흘을 4일이라고 착각할 수 있는데 3일이 사흘, 4일은 나흘입니다. 5일은 닷새, 6일은 엿새예요. 7일은 이래가 아니고 이레입니다. 8일은 여드레, 9일은 아흐레입니다. 그리고 10일은 열흘, 11일은 열하루이고, 15일은 열닷새 혹은 보름입니다. 이제 헷갈리지 않겠죠?

서당 개 삼 년에 풍월을 읊는다

서당은 옛날 어린아이들이 한문을 배우던 지금의 학교와 같은 곳이에요. 풍월은 바람과 달을 보고 시를 짓거나 읊는 것을 말해요. 서당에서 3년 동안 글을 들으며 지내면 개마저도 시 한두 편 정도를 읊을 수 있다는 뜻이지요. 즉 아무리 경험과 지식이 없는 사람일지라도 한 분야에 오랫동안 있으면 어느 정도 지식과 경험을 쌓을 수 있다는 뜻입니다.

잠깐! 똑똑해진 남매의 퀴즈

 개와 관련된 속담이 참 많던데 몇 개만 찾아볼까?

 '개도 제 주인을 보면 꼬리 친다'가 있네. 귀엽다. 헤헤~.

 개도 주인을 반긴다는 뜻으로 은혜를 모르는 사람을 꾸짖는 말이라네.

 우리가 바쁠 때 놀고 있는 개를 보면서 하는 말이 뭔지 아니?

 '개 팔자가 상팔자' 맞지? 근데 상팔자가 뭐야?

 썩 좋은 팔자라는 뜻인데 팔자는 사람의 정해져 있는 운명 같은 것을 나타내는 말이래.

서당은 어떤 곳이었을까요?

서당은 조선 시대에 전국 곳곳에 있던 교육기관이에요. 지금의 초등학교와 비슷하지만 나라에서 세운 것은 아니었어요. 동네에서 한문을 잘 아는 사람에게 부탁해서 마을 아이들을 가르치거나, 훈장님을 모셔 와서 서당을 운영했어요.

서당에서는 주로 『천자문』을 시작으로 『동문선』, 『명심보감』, 『소학』 등을 외우고 익혔어요. 한 가지 놀라운 점은 양반과 평민의 구분이 뚜렷했던 조선 시대에도 서당은 그 구분 없이 누구나 다닐 수 있었다는 것이에요.

서울 가서 김 서방 찾는다

이름도 주소도 모르는데 서울에서 김 서방을 찾으면 찾을 수 있을까요? 그건 서울이 아니라 어디를 가도 마찬가지겠지요. 이 속담은 잘 모르는 사람을 무턱대고 찾거나 어떤 일을 잘 따져 보지도 않고 하려는 경우를 비유적으로 이르는 말입니다.

잠깐! 똑똑해진 남매의 퀴즈

 서울과 관련된 속담에는 어떤 것이 있을까?

'모로 가도 서울만 가면 된다'가 가장 유명하지 않을까?

 방법이 어떻든 간에 목적만 이루면 된다는 말이지.
'남이 서울 간다니 저도 간단다'라는 속담도 있어.

주관 없이 덩달아 따라 한다는 뜻이네.
'입이 서울'이라는 표현도 재미있어.

 뭐니 뭐니 해도 먹는 것이 제일 중요하다는 뜻인가 보네.

그렇지. 우리도 일단 간식부터 먹고 계속하자.

 대환영이지.

왕에게 성과 이름을 하사받은 김충선

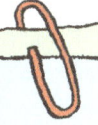

김충선은 임진왜란 때 일본군 장수로 조선에 온 인물입니다. 일본 이름은 사야가였어요. 그는 비록 일본군이었지만 오래전부터 조선을 동경해 왔기 때문에 조선에 온 지 며칠이 되지 않아 조선에 귀화했습니다. 그리고 도리어 일본군을 공격하여 큰 공을 세웠습니다. 이에 조선의 왕인 선조는 그에게 "바다를 건너온 모래(沙)를 걸러 금(金)을 얻었다."라며 김(金)씨 성과 충성스럽고 착하다는 뜻의 충선으로 이름을 지어 주었습니다. 이후 김충선은 병자호란 때까지 전장을 누비며 충성을 다하였습니다.

소문난 잔치에 먹을 것 없다

잔치가 열리기 전부터 소문이 떠들썩해서 기대를 많이 했는데 막상 가 보니 먹을 게 없다는 이야기예요. 이 속담은 떠들썩한 소문이나 큰 기대에 비해 실속이 없거나 소문이 실제와 일치하지 않는 경우에 사용해요.

잠깐! 똑똑해진 남매의 퀴즈

 잔치와 관련된 표현에는 어떤 것이 있을까?

이번 속담과 비슷한 뜻을 가진 '이름난 잔치 배고프다'가 있어.

 내가 찾은 건 '잔칫날 다가오듯'이라는 속담이야.
어떤 일을 해야 할 시각이 빠르고 급하게 다가오는 걸 말한대.

북한 속담 중에 대단히 기쁘고 흡족함을 나타내는 표현으로
'잔칫날에 큰상 받는 기분'이라는 말이 있다고 해.

 큰상은 잔칫날 아니라도 좋지.

백일잔치는 왜 했을까요?

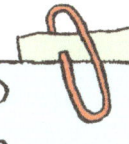

사람이 태어나서 주인공으로 맞이하게 되는 첫 번째 잔치가 무엇일까요? 그건 바로 백일잔치예요. 사실 백일잔치를 했던 것에는 조금은 슬픈 이유가 있어요. 의학이 발달하지 않았던 과거에는 100일을 넘기지 못하고 하늘나라로 가는 아이가 많았기 때문에 백일이 되면 무사히 자란 것을 축하해 주었던 것이지요.
백일상에는 아기의 장수와 복을 비는 흰 실타래와 쌀, 그 밖에 과일이나 떡 등을 놓았어요. 그리고 잔치 뒤에는 백일 떡을 이웃에 돌리기도 했는데 백일 떡을 받은 집에서는 돈이나 흰 실타래를 담아 돌려주는 답례를 했다고 해요.

소 잃고 외양간 고친다

미리미리 외양간을 고쳤다면 소를 잃어버릴 일이 없었겠지요. 또 소를 잃고 난 다음에 외양간을 고쳐 봐야 무슨 소용이 있을까요? 이 속담은 이처럼 일이 이미 잘못된 뒤에는 손을 써도 소용이 없다는 것을 뜻하는 표현입니다.

잠깐! 똑똑해진 남매의 퀴즈

 이번 속담과 비슷한 뜻을 가진 표현에는 뭐가 있을까?

'도둑맞고 사립 고친다'는 표현이 있어.

 사립이 뭐야?

사립은 사립문과 같은 말인데 나뭇가지를 엮어서 만든 문을 말해.

 호오~ 그렇군.

큰 가치를 지닌 소

옛이야기 「호랑이와 곶감」 기억나나요? 그 이야기에서 소를 훔치러 왔던 도둑은 호랑이를 소인 줄 알고 훔치려다 호랑이 등에 올라타는 신세가 되지요. 사실 소를 도둑맞는다는 건 그 당시에 가장 큰 재산을 잃어버리는 거나 마찬가지였어요. 소는 재산으로서 가치가 있을 뿐만 아니라 순하고 힘이 세서 농사를 지을 때 큰 노동력을 제공해 주기도 하였고, 물건을 운반할 때 이용되기도 했습니다. 또 말과 같이 이동 수단으로 이용되기도 했지요. 조선 시대 명재상으로 유명한 맹사성은 고향에 갈 때면 소를 타고 다녔다고 합니다.

쇠귀에 경 읽기

경은 옛날 선비들이 공부하던 책을 의미합니다. 소에게 좋은 말씀이 담긴 책을 읽어 주면 소가 알아들을 수 있을까요? 이처럼 아무리 가르치고 알려 주어도 알아듣지 못할 때 혹은 효과가 없을 때 사용하는 표현입니다.

잠깐! 똑똑해진 남매의 퀴즈

소와 관련된 속담에는 어떤 것이 있을까?

'소도 언덕이 있어야 비빈다'가 가장 자주 듣는 말 아닐까?

의지할 곳이 있어야 무슨 일을 시작하거나 이룰 수가 있다는 뜻이네.

'소같이 벌어서 쥐같이 먹어라'라는 표현도 있어.

약간 슬픈데? 열심히 일했는데 조금 먹으라니…, 열심히 일하고 다이어트하라는 뜻도 아니고 말이야.

그런 게 아니고, 열심히 일해서 돈은 많이 벌고 생활은 검소하라는 뜻이야.

소가 좋아하는 소리는?

후한 말 모융이라는 학자는 유학자들에게 불경을 설명하면서 유학의 경서를 이용했어요. 그 이유를 묻자 그는 공명의라는 학자의 이야기를 소개했어요.
공명의는 일하는 소에게 고마운 마음에 거문고를 켜 주었더니 소가 썩 좋아하지 않는 걸 알게 되었어요. 그래서 송아지 울음소리를 들려주었더니 소가 좋아했다고 해요. 그 소리가 소의 마음에 들었기 때문이지요.
이 이야기를 들은 유학자들은 모융의 뜻을 이해했다고 합니다. 이 이야기는 '대우탄금'이라는 고사성어의 유래로 '쇠귀에 경 읽기'라는 표현과 같은 뜻으로 사용됩니다.

쇠뿔도 단김에 빼랬다

'단김에'는 '아직 열기가 식지 아니하였을 적에'라는 뜻을 가지고 있어요. 쇠뿔을 뽑으려면 불로 달구어 놓았을 때 빼라는 뜻이지요. 어떤 일을 하려고 했으면 한창 열이 올랐을 때, 아직 열정적인 마음이 있을 때 망설이지 말고 곧바로 행동으로 옮기라는 의미예요.

잠깐! 똑똑해진 남매의 퀴즈

 이번 속담과 비슷한 뜻을 가진 표현이 뭐가 있을까?

'쇠뿔도 단김에 빼라', '단김에 쇠뿔 빼듯', '쇠뿔도 손대었을 때 뽑아 버려라' 등이 있어.

 우리가 공부한 속담과 거의 비슷하네.

응, 맞아. 그리고 영어 속담에도 비슷한 표현이 있어.

 '쇠(iron)가 달았을 때 두드려라' 맞지?

맞아. 서로 뜻은 다른 쇠지만 전부 '쇠' 자가 들어가 있네.

화각공예가 뭐예요?

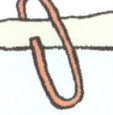

화각공예는 우리나라 전통 공예의 한 종류로 쇠뿔을 주재료로 하는 공예예요. 쇠뿔을 불리고 불에 달구는 등 여러 과정을 거쳐 종이처럼 얇게 편 다음에 색칠을 해서 원하는 곳에 장식했어요. 주로 밝은 색을 많이 사용하여 실내 분위기를 밝고 생기 있게 만들어 주었지요. 하지만 재료가 워낙 구하기도 어렵고 과정도 복잡해서 일부 귀족들만 사용했어요. 특히 자, 실패, 빗 반짇고리 등 여성용 작은 물건에 많이 사용되었다고 해요. 기록이 없어 언제부터 시작된 것인지는 알 수 없지만, 신라 시대 고분에서 발견된 화판이 화각 제품의 일종으로 추정되어 그 역사가 무척 오래된 것임을 알 수 있어요.

식은 죽도 불어 가며 먹어라

대부분의 음식이 그렇지만 죽도 뜨거울 때는 먹기가 쉽지 않습니다. 하지만 씹을 거리도 별로 없는 죽은 식으면 아주 손쉽게 먹을 수 있는 음식이지요. 이 속담은 아무리 쉬운 일이라도 한 번 더 확인한 다음에 하는 것이 안전하다는 것을 이르는 표현입니다.

잠깐! 똑똑해진 남매의 퀴즈

죽과 관련된 표현에는 어떤 것이 있을까?

'시장이 팥죽'이 있어. '시장이 반찬'이라는 표현과 비슷한 뜻이야.

'흰죽에 고춧가루'라는 속담도 있어. 격에 맞지 않는 것을 나타낸다고 하네.

흰죽과 관련된 속담이 하나 더 있어. '흰죽 먹다 사발 깬다'는 한 가지 일에 재미를 붙이다가 다른 일에 손해를 보는 경우를 말한대. 죽이 얼마나 맛있으면 그릇까지 깰까?

주어지는 몫이 너무도 적다는 뜻의 '열 놈이 죽 한 사발'이라는 속담도 있네. 어째 좀 불쌍한 느낌이야.

죽은 어떤 음식일까요?

죽은 곡물을 주재료로 하여 물을 붓고 끓여 소화하기 쉽도록 묽게 만든 음식이에요. 밥 대신 먹기도 하고 식사를 하기 힘든 환자를 위해 준비하기도 합니다. 동짓날에는 귀신을 쫓고 재앙을 면하게 해 준다는 의미로 동지팥죽을 먹기도 합니다. 조선 시대에 나온 『국조오례의』라는 책에는 상을 당해 슬픔에 지쳐서 밥을 먹을 수 없을 때는 죽을 먹으라는 기록이 남아 있어요. 상을 당한 이웃이나 친척에게 죽을 보내는 풍속도 있었다고 해요. 그리고 굶주린 걸인들을 모아 죽을 내렸다는 내용이 『영조실록』에도 남아 있을 만큼 죽은 예로부터 고마운 음식이었답니다.

신선놀음에 도낏자루 썩는 줄 모른다

신선놀음은 신선처럼 아무 걱정이나 근심 없이 즐겁고 평안하게 지낸다는 뜻으로, 해야 할 일을 다 잊고 어떤 놀이에 열중함을 이르는 말입니다. 열중하다 보니 나무로 만든 도낏자루가 다 썩을 만큼 시간이 흘렀다는 뜻이지요. 이 속담은 아주 재미있는 일에 정신이 팔려서 시간 가는 줄 모르는 경우를 나타낸 표현입니다.

잠깐! 똑똑해진 남매의 퀴즈

 시간과 관련된 속담은 뭐가 있을까?

이번 속담이랑 비슷한 건데 '이야기 장단에 도낏자루 썩는다'가 있어.

 '세월이 가는지 오는지도 모른다'는 표현도 어떤 일에 정신이 팔려 시간이 얼마나 흘렀는지 모른다는 뜻으로 사용된대.

이건 가끔 들어 본 말인데 '하루가 여삼추'라는 표현도 있어. 기다리는 마음이 간절하여 하루가 삼 년처럼 느껴진다는 뜻이야.

 '세월이 약'도 있어. 아무리 가슴이 아프고 속상한 일도 시간이 지나면 자연히 잊게 된다는 말이래.

가능하면 그 말은 안 듣고 살면 좋겠다.

잠깐 구경한 줄 알았는데…

먼 옛날 중국의 한 나무꾼이 산에서 동굴을 하나 발견했어요. 거기에서 백발노인 둘이 바둑 두는 걸 보고는 구경했어요. 한참 시간이 지난 듯하여 집에 갈 생각으로 가지고 왔던 도끼를 보았더니 도낏자루는 없고 녹슨 도끼날만 있는 게 아니겠어요? 이상한 생각이 든 나무꾼이 마을로 돌아왔는데, 마을에는 아는 사람이 아무도 없었어요. 자기 이름을 말하며 사람들에게 물어보자 한 노인이 "그분은 제 증조부인데 산에서 행방불명되셨소."라고 말했어요. 잠깐 구경한 것뿐인데 그렇게 시간이 쏜살같이 지나가 버린 거였지요.

싼 것이 비지떡

비지는 두부를 만들고 남은 찌꺼기를 말해요. 이걸 이용해서 떡을 만든 것이 비지떡이에요. 찹쌀로 만든 떡에 비해 값은 싸지만 퍼석하고 맛도 좀 덜하지요. 이 속담은 값이 싼 물건은 품질이 나쁘다는 뜻으로 사용되고 있어요.

잠깐! 똑똑해진 남매의 퀴즈

 두부랑 관련된 표현에는 어떤 게 있을까?

 '안 되는 놈은 두부에도 뼈라'는 표현이 있어.
'계란에도 뼈가 있다'는 속담과 비슷하네.

 '두부 먹다 이 빠진다'는 속담도 있어.
생각지 못했던 실수가 생길 수 있으니 항상 조심하라는 말이래.

 '바늘뼈에 두부살'이라는 속담도 있어.
바늘처럼 가는 뼈에 두부같이 힘없는 살이란 뜻으로,
몸이 아주 연약한 사람을 가리키는 말이래.

 보기는 그래도 두부가 얼마나 몸에 좋은데,
오늘 저녁은 두부 요리로 부탁드려야겠다.

두부를 잘 만들었던 우리나라

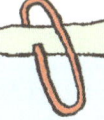

두부는 '밭에서 나는 쇠고기'라 불리는 콩으로 만든 음식이에요. 콩은 단백질이 풍부해 예로부터 채식을 하는 승려들이 영양적으로 가장 의존하는 음식이었다고 해요.

우리나라에서 두부가 언제부터 만들어졌는지 정확히 알 수는 없지만 고려 시대 학자 이색의 시조에 두부가 등장하는 걸로 보아 고려 시대 말엽 정도로 보고 있어요. 『세종실록』에 따르면 조선 시대에 우리나라의 두부 만드는 기술이 뛰어나 중국 명나라에서 두부 만드는 기술을 가진 사람을 보내 달라고 했다는 기록이 남아 있을 정도랍니다.

쌈짓돈이 주머닛돈

쌈지는 담배, 부시, 돈 등을 싸서 가지고 다니는 작은 주머니예요. 주머니는 자질구레한 물품들을 넣어 허리에 차거나 들고 다니도록 만든 물건이고요. 별 차이가 없지요. 이 속담은 쌈지에 든 돈이나 주머니에 든 돈이나 결국 마찬가지이므로 구별할 필요가 없다는 뜻으로 사용돼요. 특히 가족의 물건은 내 것 네 것 구분 없이 가족 전체의 것임을 뜻하는 말이에요.

잠깐! 똑똑해진 남매의 퀴즈

 이번 속담과 비슷한 뜻을 지닌 속담은 뭐가 있을까?

 우선 순서만 바꾼 '주머닛돈이 쌈짓돈'이라는 표현이 있어. 그리고 '동태나 북어나', '중 양식이 절 양식' 등도 있어.

 구별할 필요가 없다는 뜻으로 사용되는 경우가 많네. 그럼 돈과 관련된 속담은 뭐가 있을까?

 아주 유명한 '땡전 한 푼 없다'가 있지.

 지금의 내 상태구먼. 허허~.

담배쌈지와 부시쌈지

쌈지에 주로 넣어 다니는 것은 담배와 부시였어요. 담배를 담는 주머니를 담배쌈지, 부시를 담는 주머니를 부시쌈지라고 했지요. 담배쌈지는 담배가 마르지 않도록 하기 위해 기름종이를 깔아서 사용했어요. 부시쌈지에는 부싯돌, 부싯깃, 부시 등을 담아 불을 피워야 할 때마다 꺼내서 사용했어요. 부싯돌에 부시를 마찰시켜 불꽃을 일으키고, 그 불꽃을 부싯깃에 받아 내어 크게 불을 피웠어요.

쏘아 놓은 살이요 엎지른 물이다

살은 화살을 말해요. 활을 이용해서 일단 화살을 쏘면 그 화살을 중간에 멈출 수 없지요. 엎지른 물도 다시 주워 담을 수 없고요. 이처럼 한 번 저지른 일은 다시 고치거나 중지할 수 없음을 말해요.

잠깐! 똑똑해진 남매의 퀴즈

 이번 속담과 비슷한 표현은 어떤 게 있을까?

 외국 속담 중에는 '우유를 엎지른 후에 울어도 소용없다'가 있어. 우리나라 속담 중에는 '깨어진 그릇 이 맞추기'라는 표현이 있어.

 이? 이빨? 치아 말하는 거야?

 '이'에는 그런 뜻도 있지만 그릇이나 연장의 날 따위에서 한 귀퉁이가 떨어진 부분을 말하기도 해.

 아, 그렇구나.

강력한 무기 애기살

우리나라에서 예전에 사용한 화살 중에는 보통 화살의 절반 정도의 크기라 '애기살'이라고 불리는 화살이 있었어요. 정식 이름은 편전이에요. 애기살은 귀여운 이름과 달리 매우 강력한 무기였어요. 보통 화살보다 훨씬 멀리 날아갈 뿐만 아니라 갑옷도 뚫을 정도로 강력했어요. 다른 화살에 비해 크기가 작아 적이 막기도 어려웠어요. 적이 주워도 다시 사용할 수 없다는 장점도 가지고 있었어요. 애기살은 쏘는 데 훈련이 많이 필요하고, '통아'라는 부속 도구가 없으면 사용할 수 없는 화살이었거든요.

아니 땐 굴뚝에 연기 날까

굴뚝은 연기를 내보내는 역할을 하는 건물의 한 부분이에요. 하지만 굴뚝이 스스로 연기를 만들지는 못해요. 아궁이에서 불을 때지 않았다면 굴뚝으로 연기를 내보낼 일은 없겠지요. 이처럼 원인이 없으면 결과가 있을 수 없다는 말을 비유적으로 이르는 말이에요. 또 이런저런 말이 생기는 데에는 실제로 어떤 일이 있기 때문임을 비유적으로 이르는 말입니다.

잠깐! 똑똑해진 남매의 퀴즈

이번 속담과 비슷한 뜻을 지닌 표현은 어떤 것이 있을까?

 '아니 땐 장구 북소리 날까'라는 속담이 있어.

'뿌리 없는 나무에 잎이 필까'도 있네.

 영어 속담 중에도 '불이 없으면 연기도 없다'라는 표현이 있어.

우리나라나 다른 나라나 다른 것 같으면서도 비슷하게 생각하는 게 제법 있는 것 같아.

보물로 지정된 굴뚝

굴뚝은 불을 땔 때 연기가 밖으로 빠져나가도록 하기 위해 만든 시설이에요. 그런데 굴뚝 중에 우리나라 보물 제811호로 지정된 것이 있어요. 바로 궁궐 굴뚝 중 가장 아름답다는 아미산 굴뚝이에요.

아미산 굴뚝은 조선 시대 왕비의 거처인 교태전의 굴뚝이에요. 경복궁 경회루에 연못을 만들면서 파낸 흙으로 교태전 후원을 만들었는데 그곳을 아미산이라 하고, 교태전 아궁이와 연결된 굴뚝을 세웠어요. 이 굴뚝은 높이가 260cm 정도이고 육각형 모양으로 각 모서리마다 사군자, 십장생, 당초문 등을 새긴 부조물을 부착하여 아름다움을 더했답니다. 그 가치를 인정받아 1985년에 보물로 지정되었습니다.

약방에 감초

감초는 콩과의 여러해살이풀이에요. 뿌리나 줄기의 일부를 약으로 사용하는데, 한의학에서 약을 지을 때 넣은 경우가 많습니다. 그래서 한약방에 감초가 반드시 있다는 데서, 어떤 일에나 빠짐없이 끼어드는 사람 혹은 꼭 있어야 할 물건을 비유적으로 이르는 표현으로 사용되고 있습니다.

잠깐! 똑똑해진 남매의 퀴즈

 감초처럼 건강과 관련된 속담에는 어떤 것이 있을까?

가장 흔하게 듣는 말 있잖아. '밥이 약보다 낫다'.

 그렇지. 밥의 중요성을 나타낸 속담으로 '밥 한 알이 귀신 열을 쫓는다'도 있어.

이 속담도 재미있다.
'아욱으로 국을 끓여 삼 년을 먹으면 외짝 문으로는 못 들어간다'.

 아욱이 몸에 좋다는 걸 재미있게 표현한 속담인 것 같아.

영국 속담 중에 '하루 사과 한 알이면 의사가 필요 없다'도 있네.
다음에 시장 가면 사과 좀 사 볼까?

 왜 아욱 산다는 말은 안 하고 사과만 사려고 해?

체질에 맞는 치료를 주장한 이제마

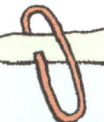

한의학은 중국에서 전래되어 우리나라에서 독자적으로 발달한 전통 의학을 말해요. 한의학에서 가장 유명한 위인으로는 『동의보감』을 지은 허준을 꼽지요. 더불어 사상의학을 창시한 이제마도 꼽을 수 있어요. 이제마는 사람의 체질을 태양, 태음, 소양, 소음으로 나누어 같은 증상이라도 각 체질에 맞게 치료해야 한다고 주장했어요. 재미있는 사실은 이제마가 한의학을 공부한 이유가 아픈 곳이 많았던 자신을 제대로 치료하는 의원이 없었기 때문이라고 해요.

어물전 망신은 꼴뚜기가 시킨다

꼴뚜기는 오징어와 비슷하게 생긴 연체동물이에요. 하지만 크기가 매우 작고 볼품없어서 가치가 낮고 별 볼 일 없는 것에 비유되곤 했어요. 어물전은 지금의 생선가게를 말해요. 생선가게 망신은 꼴뚜기가 시킨다는 것이지요. 못난 사람일수록 같이 있는 주변 사람들을 망신시킨다는 뜻으로 사용되는 표현이에요.

잠깐! 똑똑해진 남매의 퀴즈

 꼴뚜기는 정말 하찮은 취급을 받았나 봐. 꼴뚜기 관련해서 속담을 찾아보았더니 '어물전 털어먹고 꼴뚜기 장사한다'가 나오더라고….

 그렇구나. 큰 사업에 실패하고 보잘것없는 작은 사업을 시작하는 것을 뜻한다고?

 응. 그리고 이번 속담과 비슷한 속담을 찾아보았더니 '과일 망신은 모과가 시킨다'가 나오네.

 모과가 못생기고 맛이 없어서 나온 말인가 보네.

 그러게. 그래도 겨울에 따뜻한 모과차 한잔하면 몸이 따뜻해져서 좋은데….

시전과 어물전

조선 시대에는 산업 중에서 농업을 가장 중요하게 생각했어요. 그래서 상업이 지나치게 발달하면 너도나도 장사를 하여 농업을 망칠까 걱정해서 관청에서 허가받은 사람만 장사를 할 수 있게 했어요.

이렇게 허가를 받은 상점들은 시전이라고 하였는데 시전은 그 대가로 나라에 필요한 물품이나 세금을 바쳤어요. 시전 중에서 큰 여섯 개의 가게가 비단과 명주, 무명, 모시, 종이, 생선 등을 취급하는 가게였어요. 그중 생선을 비롯한 수산물을 취급하는 곳이 어물전이었지요.

언 발에 오줌 누기

너무 추워서 발이 꽁꽁 얼었는데 조금이나마 녹이려고 오줌을 누어 봤자 별 효력이 없다는 뜻이에요. 잠깐 효과는 있을지 모르지만 결국에는 사태가 더 나빠진다는 것을 뜻해요. 눈앞의 이익만 보지 말고 멀리 보고 생각하라는 뜻도 담고 있어요.

잠깐! 똑똑해진 남매의 퀴즈

 오줌이 들어간 속담에는 어떤 것이 있을까?

 이번 속담과 비슷한데 뜻이 다른 게 재미있네. 우선 '발등에 오줌 싼다'가 있어.

 어떤 뜻이야?

 너무 바쁘다는 뜻이래. 그리고 '제 발등에 오줌 누기'도 있어.

 그건 무슨 뜻이야?

 자신의 행동이 스스로 모욕하는 결과가 되는 경우를 일컫는 말이래. 근데 모든 표현이 다 찝찝하기는 하다.

 전부 잘 씻어야겠다는 생각이 드는 표현들이네.

나무를 하려면 어느 산에 가야 할까?

중국 노나라에 가난한 아버지와 아들이 살고 있었어요. 어느 날 아버지가 물었어요. "너는 가까운 산에 가서 나무를 하겠느냐, 아니면 먼 산에 가서 나무를 하겠느냐?" 아들은 당연히 가까운 산에 간다고 해요. 그러자 아버지는 하나 더 물어봐요. "추위에 발이 언 사람이 오줌으로 녹인다면 어떻게 되겠느냐?" 그러자 아들은 잠깐은 발이 녹겠지만, 잠시 뒤 더 얼 테니 좋은 방법이 아니라고 답해요. 이에 아버지는 "누구나 가까운 산에서 나무를 하고 싶겠지만 나중의 일을 생각하면 어떻게 되겠느냐?" 하고 말했어요. 이 말에 깨달음을 얻은 아들은 항상 먼 앞날을 생각하며 행동했고, 결국 유명한 재상이 되었답니다.

여름비는 잠비 가을비는 떡비

농사를 주로 지었던 옛날에는 여름에 비가 오면 일을 할 수 없어 낮잠을 자고, 수확철인 가을에 비가 오면 그해 농사지은 것으로 떡을 해 먹었다고 해요. 우리나라의 옛 모습을 엿볼 수 있는 속담입니다.

잠깐! 똑똑해진 남매의 퀴즈

 여름과 관련된 속담 몇 개만 찾아볼까?

'오뉴월 감기는 개도 아니 걸린다'가 제일 유명한 것 같아.

 자주 들어 본 표현이네.

'여름 하늘에 소낙비'도 있어.
흔히 있는 일이니 조금도 놀랄 것이 없다는 뜻이래.

 '여름에 하루 놀면 겨울에 열흘 굶는다'라는 속담도 있네.

개미와 베짱이 이야기가 생각나는 속담이야.

비의 종류에 따른 이름들

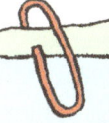

빗줄기가 매우 가늘어서 안개처럼 부옇게 보이는 '안개비', 갑자기 세차게 쏟아지다가 곧 그치는 '소나기' 등은 알고 있지요? 그 밖에도 비를 나타내는 말은 무척 많아요. 그중 재미있는 것을 몇 개 소개해 볼게요.
'여우비'는 볕이 나 있는 날 잠깐 오다가 그치는 비를 말해요. 사투리로 '햇비'라고도 해요. '색시비'는 새색시처럼 수줍은 듯 소리 없이 내리는 비라는 뜻으로 '이슬비'를 말해요. '약비'는 약이 되는 비라는 뜻으로 꼭 필요한 때에 내리는 비를 말해요.

열 번 찍어 아니 넘어가는 나무 없다

끊임없이 도끼로 계속 나무를 찍으면 안 넘어가는 나무가 없겠지요. 이 속담은 이처럼 아무리 뜻이 굳센 사람이라도 계속해서 권하면 결국에는 마음이 변한다는 뜻입니다.

잠깐! 똑똑해진 남매의 퀴즈

 나무와 관련된 속담에는 어떤 것이 있을까?

'나무에서 고기를 찾는다'는 속담이 있어. 물에서 사는 물고기를 나무에서 구한다는 뜻이니 도저히 불가능한 일을 하려고 애쓰는 어리석음을 일컫는 말이래.

 내가 자주 듣던 말도 있네.

뭔데?

 '될성부른 나무는 떡잎부터 알아본다'는 표현이지. 장래에 크게 될 사람은 어릴 때부터 다르다는 뜻이야.

할 말은 많지만 하지 않는 걸로….

나무를 할 때 부르는 노래, 벌목노동요

일하면서 힘들 때 힘을 내기 위해 부르는 노래를 노동요라고 하고, 그중에서 나무를 자르거나 옮길 때 하는 노래를 벌목노동요라고 해요. 산에서 나무를 자르거나 옮기는 일은 무척 힘들고 거칠기 때문에 힘든 일을 하는 자신의 처지를 한탄하는 내용이 많아요. 작업 내용에 따라 나무 베는 소리, 나무 찍는 소리, 나무 내리는 소리, 나무 끄는 소리, 목도하는 소리 등의 노동요가 있어요. 그중 나무 찍는 소리는 제주도를 제외하면 거의 없는 편이에요. 그 이유는 도끼질을 하는 것이 노래할 틈도 없이 힘들기 때문이라고 해요.

염불에는 맘이 없고 잿밥에만 맘이 있다

부처의 모습이나 공덕을 생각하면서 부처의 이름을 외는 일을 염불이라고 해요. 이 속담은 지금은 염불을 해야 하는데 그것에는 관심이 없고 끝나고 먹게 될 잿밥에만 관심이 있다는 뜻으로, 맡은 일에는 정성을 다하지 못하면서 마음속으로 이익만 생각하는 경우를 뜻합니다.

잠깐! 똑똑해진 남매의 퀴즈

 염불에 관련된 표현에는 또 뭐가 있어?

'염불 못하는 중이 아궁이에 불을 땐다'가 있어.

 무슨 뜻이야?

사람은 누구나 제 능력에 따라 일을 해야 대접도 받는다는 뜻이래.
그리고 '마음 없는 염불'이라는 표현도 있어.

 무슨 뜻이야?

하고 싶지 않은 일을 마지못해 하는 것을 이르는 말이래.

 마음 없는 공부, 마음 없는 숙제, 마음 없는 청소 등과
비슷한 말인가 봐.

불교는 어떻게 시작되었을까요?

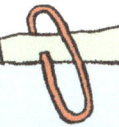

불교는 인도에서 처음 발생한 종교예요. 인도의 왕자인 싯다르타는 고통 받는 사람들을 보고 충격을 받고, 열심히 수행하여 깨달음을 얻은 뒤 자비와 평등을 중심으로 하는 불교를 창시했어요. 신분 제도가 엄격했던 인도에서 욕심을 버리고 누구나 수행하면 구원을 받을 수 있다고 주장을 해서 큰 인기를 얻었지요. 불교는 인도에서 중국을 거쳐 삼국 시대 때 우리나라에 전해진 이후 지금까지 우리나라의 풍습이나 문화 등에 큰 영향을 끼치고 있답니다.

옥에 티

옥은 예전부터 아주 귀하게 여겨져 온 보석의 한 종류예요. 잘 다듬어진 보석에도 흠 하나 정도는 있겠지요. 아무리 훌륭해 보이는 물건, 훌륭한 사람이라도 자세히 따져보면 사소한 흠은 있다는 뜻이에요.

잠깐! 똑똑해진 남매의 퀴즈

 옥과 관련된 표현에는 어떤 것이 있을까?

나 같은 아이는 '금이야 옥이야' 키워야 하지.

 그래, 일단 넘어가자. 애지중지한다는 뜻이지?

맞아. '옥도 갈아야 빛이 난다'도 있어.

 무슨 뜻이야?

아무리 소질이 좋아도 잘 닦고 기르지 않으면 훌륭한 것이 되지 못한다는 뜻이래.

단점을 인정할 줄 알아야 해요

중국의 회남왕 유안이 편찬한 책인 『회남자』「설림훈」편에 다음과 같은 말이 나와요.

"쥐구멍을 고치다가 마을 문을 부수기도 하고, 여드름을 짜다가 더 큰 부스럼이 되기도 한다. 이는 진주에 흠이 있고 옥에 티가 있는 것을 보고, 그대로 두면 온전할 것인데 흠을 없애려다가 깨어 버리는 것과 같다."

이것은 세상에 완벽한 것은 없으니 조그마한 결점을 찾거나 없애기보다는 단점을 인정하고 탓하지 말라는 의미랍니다.

옷이 날개라

날개는 원래 새나 곤충이 날 때 사용하는 신체 기관이에요. 하지만 '날개를 달았다.'는 표현에서처럼 능력이나 상황 따위가 더 좋아지는 것을 의미하기도 해요. 이 속담은 옷이 좋으면 그 옷을 입은 사람이 좀 더 돋보인다는 뜻으로 사용됩니다.

(새 옷 입어 보는 중)

옷이 날개라고 새 옷 입었더니 우리 아들 더 멋지구나.

쿠쿠쿠.

너 갑자기 왜 웃어?

옷이 날개라니까 며칠 전에 봤던 책이 생각나서.

뭔데? 또 이상한 거 아니야?

아니, 이상한 거 아니고 그냥 익룡도 날개가 달렸다는 생각이 들어서 말이지.

뭐 익룡? 내가 익룡 닮았다는 이야기지? 너 가만 안 둬!

잠깐! 똑똑해진 남매의 퀴즈

옷과 관련된 표현에는 어떤 것이 있을까?

 '옷이 날개고 밥이 분이다'가 있어.

분이 뭐야?

 분은 얼굴빛을 곱게 하기 위해 얼굴에 바르는 화장품의 일종이야. 그리고 '옷은 새 옷이 좋고 님은 옛사람이 좋다'라는 표현도 있어.

그렇긴 하지. 부모님도 서로 가장 오래 알고 지낸 우리 남매가 제일 좋은 친구라 하시니까….

우리나라 전통의 옷, 한복

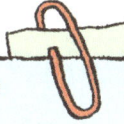

한복은 예로부터 전해 내려오는 우리나라 고유의 옷입니다. 한복에는 오래전부터 입던 치마, 저고리, 바지, 두루마기에 비교적 최근에 생긴 조끼, 마고자가 포함돼요. 한복의 역사는 고구려 고분 벽화나 신라, 백제 유물 등을 통해서 찾아볼 수 있어요. 그 이전 자료를 현재는 찾을 수 없지만 최소 1,600년 이상 우리 민족이 입었던 옷임은 분명해요.

우물에 가 숭늉 찾는다

숭늉은 밥을 지은 솥에서 밥을 푼 뒤에 남아 있는 누룽지에 물을 붓고 한소끔 끓여 낸 물이에요. 그러니 밥을 하는 부엌에서 찾아야 하지요. 이 속담은 모든 일에는 순서가 있는 법인데 차례도 모르고 너무 급하게 행동하는 것을 비유적으로 이르는 말입니다.

잠깐! 똑똑해진 남매의 퀴즈

 이번 속담과 비슷한 뜻을 가진 속담에는 어떤 것이 있을까?

'보리밭에 가 숭늉 찾는다', '싸전에 가서 밥 달라고 한다' 같은 속담이 있어.

 '싸전'이 뭐야?

쌀과 그 밖의 곡식을 파는 가게래. 비슷한 말은 미곡상, 쌀가게, 쌀집 등이 있대.

 숭늉과 관련된 표현은 더 없어?

'숭늉에 물 탄 격'이라는 속담이 있는데 숭늉이 너무 뜨거워서 물을 탔다는 게 아니라 구수한 숭늉에 물을 타서 밍밍하게 되었다는 뜻이래. 싱겁다거나 싱거운 사람, 재미없는 경우를 말하는 거래.

숭늉을 먹었던 이유는?

밥을 하고 눌은 누룽지를 끓여서 먹는 구수한 숭늉은 언제부터 먹었을까요? 정확히는 알 수 없지만 남아 있는 기록들을 보면 고려 시대 초에는 숭늉이 있었을 것이라 추측돼요.

쌀을 이용해서 밥을 하는 것은 중국과 일본도 비슷하지만, 우리처럼 숭늉을 먹지는 않아요. 우리나라에서 숭늉이 발달한 이유가 있지요. 과거 우리나라는 가마솥에 밥을 했는데 가마솥이 아궁이에 고정되어 씻기가 힘들었어요. 그래서 밥을 먹고 난 후 물을 부어 숭늉을 마시는 것이 솥을 씻는 한 가지 방법이었다고 해요.

웃는 낯에 침 못 뱉는다

낯은 눈·코·입 따위가 있는 얼굴의 바닥, 즉 얼굴을 뜻해요. 이 속담은 웃고 있는 사람에게 침을 뱉을 수 없다는 뜻으로 좋게 대하는 사람에게 나쁘게 대할 수 없다는 것을 말합니다.

잠깐! 똑똑해진 남매의 퀴즈

 얼굴과 관련된 속담은 어떤 것이 있을까?

 '자기 얼굴에 침 뱉기'가 제일 많이 사용되는 것 같아. 남을 해치려고 하다가 도리어 자기가 해를 입게 된다는 뜻이야.

 '낯은 알아도 마음은 모른다'는 속담도 있네.

 '열 길 물속은 알아도 한 길 사람의 속은 모른다'랑 비슷한 건가?

 오, 맞는 것 같아. 그리고 '돼지도 낯을 붉히겠다'도 있네.

 매우 뻔뻔하게 행동을 하는 사람을 비난하는 표현이구나.

웃음과 관련된 말들

'웃는 집에 복이 있다'라는 속담이 있어요. 가정이 화목하여 늘 웃음꽃이 피는 집에는 행복이 찾아들게 된다는 말이지요. '웃음꽃'처럼 우리나라 말에는 웃음과 관련된 말이 여럿 있어요. 그중 몇 개를 소개할게요.

'웃음꽃'은 꽃이 피어나듯 환하고 즐겁게 웃는 웃음을 말한답니다. 또 크고 환하게 웃음을 뜻하는 '함박웃음'이 있지요. '너털웃음'은 크게 소리를 내어 시원하고 당당하게 웃는 웃음을 말합니다. 얼굴의 부분과 연결된 '코웃음, 눈웃음, 볼웃음' 같은 낱말들도 있답니다.

자다가 봉창 두드린다

봉창은 실내를 밝게 하고 환기를 하기 위하여 벽을 뚫어서 작은 구멍을 낸 창을 말해요. 안쪽으로 종이를 발라서 막은 창이에요. 그런데 자고 있는데 누군가 갑자기 봉창을 두드린다면 깜짝 놀랄 수밖에 없겠지요. 이처럼 예상하지 못한 갑작스러운 일이나 말을 불쑥 내미는 행동을 비유적으로 표현한 속담입니다.

잠깐! 똑똑해진 남매의 퀴즈

 잠과 관련된 표현에는 어떤 것이 있을까?

'자던 아이 깨겠다'는 말은 들어봤지?

 응. 너무도 뜻밖의 말이라 자던 아이도 놀라 깨겠다는 뜻으로, 쓸데없는 말로 일을 시끄럽게 만들지 말라는 말이잖아.

'자다가 벼락 맞는다'도 있어. 상상하니까 무서운데?

 갑자기 뜻하지 않은 큰 봉변을 당한다는 뜻이네.

잠은 확실히 편안해야 하는 거라서 잠과 관련된 속담에는 '갑자기'라는 뜻을 가진 표현이 많네.

봉창이 뭐예요?

한옥 마을이나 민속촌 등에 가서 전통 가옥을 살펴보면 방이나 부엌 등에 작은 구멍이나 창이 있는 것을 볼 수 있는데, 그게 봉창이에요. 봉창의 모양과 크기는 다양해요. 방에 봉창을 낼 경우에는 겨울에 찬바람을 막기 위해 창호지를 발랐고, 아궁이가 있는 부엌에는 연기를 빼내기 위해 봉창을 여러 개 만들기도 했어요. 그 밖에 헛간, 외양간 등에도 봉창을 만들었어요. 통풍을 위해 만든 봉창에는 종이를 붙이지 않고 날짐승 등이 들어오지 못하도록 나뭇가지로 살대를 만들었어요.

자라 보고 놀란 가슴 솥뚜껑 보고 놀란다

자라는 거북과 비슷하게 생긴 동물이에요. 자라를 보고 놀랐던 사람이 자라와 색깔과 모양이 비슷한 가마솥 뚜껑을 보고도 놀란다는 뜻이에요. 이 속담은 어떤 일에 몹시 놀란 적이 있는 사람이 그것과 비슷한 것만 보아도 놀란다는 뜻입니다.

잠깐! 똑똑해진 남매의 퀴즈

 이번 속담과 비슷한 뜻을 지닌 표현에는 어떤 것이 있을까?

'국에 덴 놈 물 보고도 분다', '더위 먹은 소 달만 보아도 헐떡인다' 등이 있네.

 뜨거운 국을 먹고 입을 덴 사람은 국이 아닌 물을 보고도 후후 분다는 뜻이고, 더위 먹은 소는 해가 아니라 달만 보아도 힘들어한다는 뜻이구나.

맞아. '불에 놀란 놈이 부지깽이만 보아도 놀란다'는 속담도 있어.

 부지깽이가 뭐야?

아궁이에 불을 땔 때 연료를 들추거나 밀어 넣어서 잘 탈 수 있게 도와주는 막대기야.

솥은 어떤 의미를 가지고 있을까요?

예전에는 집마다 부엌에 아궁이와 부뚜막이 있고 그곳에는 큰 솥이 하나씩 있었어요. 솥을 부엌의 가장 중요한 용구로 여겨 이사할 때에는 가장 먼저 부뚜막에 솥부터 걸었다고 해요. 솥과 관련된 표현으로 흔히 가족이나 오랫동안 함께 생활해 온 사이를 '한솥밥 먹는 사이'라고 하지요.

한편 솥은 왕권을 상징하기도 했어요. 그래서 지금도 경복궁 근정전에 가면 발이 3개, 귀가 2개인 '정'이라 불리는 솥이 있어요.

작은 고추가 더 맵다

고추는 생으로 먹기도 하고 말려서 가루로 만들어 매운맛을 내는 향신료로 쓰기도 합니다. 다른 고추에 비해 비교적 크기는 작지만 맛은 더 매운 청양고추처럼 몸집이 작은 사람이 큰 사람보다 재주가 더 뛰어나고 야무지다는 뜻을 가진 표현입니다.

잠깐! 똑똑해진 남매의 퀴즈

이번 속담과 비슷한 표현에는 어떤 것이 있을까?

'고추는 작아도 맵다', '작아도 후추알' 같은 표현들이 있어.

고추보다 더 작은 후추로 비슷한 뜻을 나타낸 표현도 있네. '고추보다 후추가 더 맵다', '후추는 작아도 맵다' 등 말이야.

'작은 탕관이 이내 뜨거워진다'라는 표현도 비슷한 뜻으로 사용된다고 해.

탕관이 뭐야?

찻물을 끓이는 데 사용하는 찻주전자야.

고추는 언제 우리나라에 전해졌을까요?

우리나라의 대표 음식 중 하나는 고춧가루와 각종 재료가 버무려진 김치예요. 하지만 놀랍게도 우리나라에 고추가 들어온 것은 오래되지 않았어요.

사실 고추는 기원전부터 아메리카 대륙에서만 재배되어 왔던 작물이에요. 1493년 콜럼버스가 아메리카 대륙을 방문한 후 고추가 유럽에 전해졌고, 이후 아시아로 전해졌다고 해요. 우리나라에는 중국이나 일본을 통해서 전해진 것으로 추측하는데 정확한 시기는 알 수 없어요.

잘 나가다 삼천포로 빠지다

진주로 가야 하는데 길을 잘못 들어 원래의 목적지가 아닌 삼천포로 가게 되었다는 이야기에서 유래한 말입니다. 일이나 이야기가 본래의 방향이 아니라 엉뚱한 방향으로 흘러가게 된 것을 뜻하는 표현이에요.

잠깐! 똑똑해진 남매의 퀴즈

 지명이 포함된 속담에는 어떤 것이 있을까?

'종로에서 뺨 맞고 한강에서 눈 흘긴다'가 생각나네.

 엉뚱한 데 화풀이한다는 뜻이잖아.

처음 들어 보는데 '송도 오이 장수'라는 속담도 있네. 이익을 더 많이 보려다가 헛수고만 한 사람을 비유적으로 나타내는 건데, 송도는 지금의 개성이래.

 '말은 나면 제주도로 보내고 사람은 나면 서울로 보내라'는 말 자주 들어 보지 않았니?

많이 들었지. 우리 부모님이 우리 둘을 제주도로 보내야 한다고 하시곤 하지. 망아지처럼 뛰어다닌다고 말이야.

왜 삼천포로 빠진다고 했을까?

삼천포는 경상남도에 있었던 도시 이름이에요. 지금은 사천군과 합쳐져 사천시가 되었어요. 물론 지금도 삼천포항이라는 지명은 남아 있어요.
'잘 나가다 삼천포로 빠지다'라는 표현의 유래는 여러 가지 설이 있는데, 대부분 길을 잘못 들어 삼천포로 가게 되었다는 내용으로 비슷합니다. 그중 한 가지 이야기를 소개할게요.
부산에서 출발해 진주로 가는 기차는 계양역에서 진주 가는 기차와 삼천포 가는 기차를 분리해서 따로 갔어요. 이때 손님들은 가야 하는 목적지에 따라 기차를 옮겨 타야 했어요. 그런데 진주 가는 사람들 중 일부가 삼천포 가는 기차를 타서 삼천포로 가게 되는 일이 이따금씩 있었다고 해요.

정승도 저 싫으면 안 한다

정승은 고려 시대와 조선 시대의 관직 중 가장 높은 관직이에요. 가장 높은 벼슬도 자신이 싫으면 안 한다는 뜻으로 아무리 좋은 것이라도 마음이 내키지 않으면 억지로 시킬 수 없다는 뜻을 가진 표현입니다.

잠깐! 똑똑해진 남매의 퀴즈

 이번 속담과 비슷한 표현에는 어떤 것이 있을까?

'평안 감사도 저 싫으면 그만이다'가 있어.

 정승도 높은 벼슬이니까, 평안 감사도 높은 벼슬이겠지?

지금의 도지사라고 보면 된대.

 정승과 관련된 표현은 없어?

'개같이 벌어서 정승같이 쓴다'라는 표현이 있는데, 돈을 벌 때는 천한 일이라도 하면서 벌고 쓸 때는 떳떳하고 보람 있게 쓰라는 말이래.

품계와 품계석

경복궁 근정전 앞에는 한자가 쓰여 있는 돌들이 줄을 맞추어 서 있어요. 이 돌들은 정조 임금 때 세워진 품계석이에요. 품계는 조선 시대에 관리들의 등급을 나누어 정1품부터 종9품까지 18등급으로 구분한 것을 말해요. 품계석은 신하들의 직위에 따라 서는 위치를 정해 놓은 것으로, 임금을 기준으로 동쪽에는 문관, 서쪽에는 무관이 자리했어요.

가장 높은 품계인 정1품의 대표 직책으로는 영의정, 좌의정, 우의정으로 불리는 삼정승이 있었는데 지금의 총리급 직책이에요. 정2품의 대표 직책으로는 육조 판서가 있었는데 지금의 장관급 직책이에요.

제가 제 무덤을 판다

누구에게나 자신의 생명은 소중합니다. 그러니 자기 무덤인 걸 알면서도 스스로 자기 무덤을 파는 사람이 있을 리 없겠지요. 이 속담은 자기 자신을 망치는 어리석은 행동을 하는 것을 나타내는 표현입니다.

잠깐! 똑똑해진 남매의 퀴즈

 무덤과 관련된 속담에는 어떤 것이 있을까?

'핑계 없는 무덤이 없다'가 가장 유명한 것 같아.

 무슨 뜻이야?

아무리 큰 잘못을 저지른 사람도 변명하고 이유를 붙일 수 있다는 말이야.

 구질구질하게 변명하는 걸 말하는 건가 보네.
'시키는 일 다 하고 죽은 무덤은 없다'도 있어.

일은 하려고 하면 끝이 없다는 것을 이르는 말이라니….
갑자기 야근하시는 부모님 생각이 나서 좀 슬프다.

고고학 연구에 도움을 주는 고분

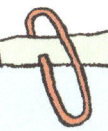

고분은 고대에 만들어진 무덤을 말해요. 시대에 따라 고분을 만드는 방식이나 모양이 다양해요. 그중 큰 것은 발굴 전까지 언덕으로 생각했을 정도로 큰 것도 있어요. 고분에는 죽은 이를 꾸미기 위한 옷, 장신구를 비롯하여 사후에도 살아 있을 때와 같이 살 수 있도록 여러 가지 물건을 함께 묻었어요. 이러한 물건을 껴묻거리라고 하는데, 이것은 죽은 사람의 신분을 알게 해 주는 등 고고학 연구에 많은 도움을 주어요.

종로에서 뺨 맞고 한강에서 눈 흘긴다

종로와 한강은 서울의 지명이에요. 종로에서 망신을 당해 놓고 한강에 가서 화를 내거나 불평을 한다는 말이에요. 부끄러운 일을 당한 자리에서는 아무 말도 하지 못하고 다른 자리에서 불평하는 것, 화가 난 일을 다른 곳에 옮겨서 화풀이하는 것을 비유적으로 나타낸 표현입니다.

잠깐! 똑똑해진 남매의 퀴즈

 이번 속담과 비슷한 표현에는 뭐가 있을까?

'종로에서 뺨 맞고 빙고에서 눈 흘긴다'.

 내가 찾은 건 '읍에서 매 맞고 장거리에서 눈 흘긴다'는 표현이야.

더 멀리 간 속담도 있어.
'서울에서 매 맞고 송도서 주먹질한다'는 표현이야.

 재미있네.

종로는 왜 종로가 되었을까요?

정도전은 고려 말, 조선 초의 유학자이자 정치가예요. 흔히 조선의 설계자, 한양의 설계자로 평가받아요. 실제로 지금 서울의 바탕이 된 한양 개발을 지휘한 사람이 정도전이에요.

그는 유교적 원리를 바탕으로 각종 궁궐과 시설의 위치를 정했고, 경복궁을 비롯한 성문의 이름도 직접 지었어요. 성문의 이름에 유교적 원리를 담아 인·의·예·지·신에서 한 자씩 따서 흥인문(동대문), 돈의문(서대문) 등의 이름을 지었어요. 마지막 신 자가 들어간 이름은 한 해의 마지막 날 치는 종이 보관된 보신각(종각)이에요. 보신각 주위에 있는 큰 도로라 하여 종로라고 불렀지요. 시장이 있어 사람들이 구름처럼 모여든다고 하여 운종가라고 부르기도 했어요.

지렁이도 밟으면 꿈틀한다

지렁이를 징그럽게 생각하는 사람도 있지만, 사실 지렁이는 사람들에게 피해를 입히지도 않고, 오히려 농사에 도움을 많이 주는 동물입니다. 순하고 약해서 다른 동물을 공격하지도 않습니다. 이 속담은 아무리 신분이 낮은 사람이나 순하고 좋은 사람도 너무 업신여기면 가만 있지 않는다는 뜻입니다.

> 책을 읽다 보니까 고려 시대에 망이 망소이의 난, 만적의 난과 같은 난이 많이 일어났던데 왜 그랬던 거예요?

> 난을 일으킨 사람들은 대부분 신분이 낮은 이들이었어. 차별을 더 이상 참지 못하고 뜻이 맞는 사람들을 모아 난을 일으켰던 거지.

> 지렁이도 밟으면 꿈틀한다는 거군요.

> 자세한 건 조금씩 다르지만 크게 보면 그렇다고 할 수 있어. 차별받고 힘들게 일하는데도 늘 가난에 시달리니 참을 수가 없었겠지.

> 안타깝네요. 게다가 대부분 실패했잖아요.

> 그런 봉기나 난이 성공했다면 우리는 역사에서 조선이 아니라 다른 나라를 보게 되었을지도 몰라.

잠깐! 똑똑해진 남매의 퀴즈

 이번 속담과 비슷한 뜻을 가진 표현들이 있을까?

제일 비슷한 걸로 '지나가는 달팽이도 밟으면 꿈틀한다'가 있어.

 지렁이나 달팽이나 아무런 피해도 안 주는데 왜 밟는 건지 모르겠네.

'느린 소도 성낼 적이 있다'는 속담도 있어.

 소가 화내면 투우 같은 모습이 되는 건가?

그러게. 그건 좀 무서운데….

농사에 도움을 주는 지렁이

지렁이는 농사를 짓는 사람이 아니라면 비 오는 날 이외에는 보기가 쉽지 않아요. 지렁이가 비 내리는 날 땅 위로 나오는 이유는 지렁이의 집에 물이 차기 때문이에요. 그렇다면 지렁이는 평소에 땅속에서 어떤 일을 하고 있을까요? 지렁이는 썩은 나뭇잎이나 동물의 배설물 등을 좋아하는데 이것을 먹고 다시 배설하면 아주 훌륭한 거름이 된답니다. 그리고 지렁이가 땅속을 헤집고 다니는 것은 농부가 쟁기로 밭을 가는 것과 같은 역할을 합니다. 이처럼 농업에 도움이 되는 역할을 하기 때문에 세계 여러 곳에서 지렁이를 농업에 이용한답니다.

지성이면 감천

정성이 지극하면 하늘도 감동한다는 뜻입니다. 무슨 일에든 정성을 다하면 아무리 어려운 일이라도 순조롭게 풀리어 좋은 결과를 맺는다는 의미를 가진 표현입니다.

잠깐! 똑똑해진 남매의 퀴즈

 이번 속담과 관련된 표현에는 어떤 것이 있을까?

'정성이 지극하면 돌 위에도 풀이 난다'가 있어.

 정성이 지극하면 불가능해 보이는 일도 이루어질 수 있다는 뜻이지.

'정성이 지극하면 동지섣달에도 꽃이 핀다'는 표현도 있어.

 동지섣달이 뭐야?

동짓달과 섣달이라는 말인데 한겨울이라는 뜻이지.

지성이와 감천이

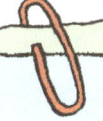

옛날에 눈이 보이지 않는 감천이와 걷지 못하는 지성이는 부모를 일찍 여의고 서로를 도우며 동냥으로 겨우 살아갔어요. 서로의 눈과 다리가 되어 준 둘은 어느 날 샘에서 큰 금덩이를 하나 발견했는데, 서로 양보만 하다가 결국 그냥 두고 갔어요. 그리고 지나가는 나그네에게 금덩이를 주워 가라고 알려 주었는데 나그네의 눈에는 그저 구렁이로만 보였지요. 다시 샘으로 간 둘은 금덩이를 주워 절에다 바쳤어요. 그리고 정성을 다해 자신들의 장애를 없애 달라고 빌고 또 빌었어요. 그러자 진짜 둘의 장애가 사라지게 되었다고 해요. 이 이야기는 지성이면 감천이라는 속담의 유래가 되었어요.

집에서 새는 바가지는 들에 가도 샌다

집에 있는 금이 가거나 구멍이 나서 새는 바가지가 들에 가져간다고 새지 않을 리 없겠지요. 사람도 마찬가지로 본성이 좋지 아니한 사람은 어디를 가나 그 본색을 드러내고야 만다는 말입니다.

잠깐! 똑똑해진 남매의 퀴즈

 이번 속담과 비슷한 속담으로는 어떤 것이 있을까?

'개 꼬리 삼 년 두어도 황모 못 된다'는 속담이 있어. 본바탕이 좋지 않으면 어떻게 해도 그 본질이 좋아지지 않는다는 뜻이야.

 황모가 뭐야?

족제비의 꼬리털인데 좋은 붓을 만드는 데 사용한다고 해. 이 속담과 비슷한 의미로 '독사는 허물을 벗어도 독사이다'라는 표현이 있어.

 무시무시하네.

무엇으로 바가지를 만들었을까요?

『흥부전』에서 흥부는 제비가 물어다 준 어떤 식물의 씨앗을 키워서 나중에 그걸 톱으로 잘라요. 그 안에서 나온 온갖 보물이 흥부를 부유하게 만들어 주지요. 이 식물은 무엇일까요? 네, 맞습니다. 박입니다.

박은 실제로는 『흥부전』에서처럼 크게 자라지는 않아요. 옛날에는 대부분 이 박을 이용해서 바가지를 만들었어요. 박의 속을 다 긁어내고 말려서 사용했지요. 가장 큰 것은 물바가지로, 작은 것은 쌀바가지나 간장을 뜨는 바가지로 썼어요.

참새가 방앗간을 그저 지나랴

방앗간은 방아로 곡식을 찧거나 빻는 곳을 말해요. 참새는 주로 곡식을 먹지요. 그러니 참새가 곡식이 많이 쌓여 있는 방앗간을 그냥 지나기는 쉽지 않겠지요. 이 속담은 이처럼 사람이 자기가 좋아하는 곳을 그대로 지나치지 못한다는 것을 뜻합니다. 욕심이 많은 사람이 이익이 되는 것을 보고 가만있지 못한다는 뜻도 가지고 있습니다.

잠깐! 똑똑해진 남매의 퀴즈

 이 속담과 비슷한 뜻을 가진 속담이 있을까?

'참새가 올조 밭을 그저 지나랴'는 표현이 있어.

 올조가 뭐야?

제철보다 일찍 여무는 조를 말한대.

 참새가 나오는 다른 속담은 없을까?

'눈치가 참새 방앗간 찾기', '참새가 죽어도 짹 한다' 등이 있어.

참새잡이 놀이

참새는 사계절을 우리나라에서 지내는 새예요. 그래서 추운 겨울이면 농촌의 초가집 지붕 밑에 많이 살았지요. 이러한 습성을 이용해서 사람들은 겨울철 놀이로 참새를 잡기도 했어요. 참새고기는 고소한 맛이 있어 인기가 좋았어요. 노약자나 어린아이 몸보신용으로 참새고기를 먹기도 했어요. 참새를 잡는 방법으로는 고무 새총으로 잡기, 소쿠리로 덫을 놓아서 잡기, 초가집 지붕 밑의 새집에서 잡기, 그물을 쳐서 잡기 등이 있었어요.

참을 인 자 셋이면 살인도 피한다

화가 나고 힘든 상황이 오더라도 끝까지 참아 보라는 말로, 어떤 어려운 일이 있어도 끝까지 참아 나가면 무슨 일이든 해내지 못할 것이 없다는 뜻입니다. 평소에 화를 너무 많이 낸다고 스스로 생각하는 사람들이 꼭 기억하면 좋은 속담입니다.

잠깐! 똑똑해진 남매의 퀴즈

 이번 속담과 비슷한 뜻을 가진 표현에는 무엇이 있을까?

 '참는 자에게 복이 있다', '참을 인 자를 붙이고 다니랬다', '한시를 참으면 백 날이 편하다' 등 무척 많아.

 '인지위덕'이라는 고사성어도 비슷하게 사용되네.

 응, 맞아. 참는 것이 덕이 된다는 뜻이지.

 역시 인내가 정말 중요한 건가 보구나.

부인의 말을 새겨들은 농부

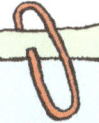

옛날 어떤 농부가 장가를 갔는데 이 농부는 배움이 부족했고, 아내는 제법 공부를 했어요. 부인은 남편에게 늘 '참을 인' 자를 마음에 새겨 두면 잘 살 수 있다는 이야기를 했어요. 남편은 부인의 말을 마음에 새겨 무슨 일이든 참으려고 노력했어요.

그러던 어느 날 남편이 집에 돌아왔는데 아내가 어떤 중과 함께 자고 있는 게 아니겠어요? 너무 화가 치밀어 그 중을 해치려다가 아내의 말을 떠올리고는 참고 참았어요. 그렇게 방 주위를 서성이다 보니 그 중이 깨어났는데 바로 아내의 여동생이었대요.

천릿길도 한 걸음부터

'리'는 거리의 단위로 천 리는 약 400km 정도 됩니다. 대략 서울에서 부산까지라고 생각하면 됩니다. 지금도 먼 거리이지만 주로 걸어서 여행을 하던 시기에는 정말 먼 거리였겠지요. 하지만 아무리 먼 거리일지라도 우선 출발을 해야 도착할 수 있는 법이에요. 이 속담은 이처럼 아무리 힘들고 어려운 일이더라도 시작이 중요하다는 것을 뜻하는 표현입니다.

영어를 잘하려면 뭐부터 해야 할까?

글쎄, 기초부터 차근차근 해야겠지.

쉬운 영어 동화책 읽기, 이런 거부터 하면 되려나?

천릿길도 한 걸음부터라고 했잖아. 그치?

응, 맞아.

그러니까 일단은 알파벳부터 외우는 게 어떨까?

잠깐! 똑똑해진 남매의 퀴즈

이번 속담과 비슷한 뜻을 가진 표현에는 어떤 것이 있을까?

가장 비슷한 것은 '만 리 길도 한 걸음으로 시작된다'가 있어.
그 밖에 '첫술에 배부르랴', '낙락장송도 근본은 종자'라는 표현도 있어.

낙락장송이 뭐야?

가지가 축축 늘어진 커다란 소나무를 말해.
유명한 외국 속담도 있어. 뭔지 맞춰 봐. 힌트는 로마야.

아, '로마는 하루아침에 이루어지지 않았다'.

정답!

우리나라는 정말 삼천리일까요?

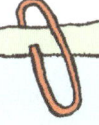

우리나라 애국가에는 '무궁화 삼천리'라는 표현이 있어요. 흔히 삼천리 금수강산이라는 표현을 사용하기도 하고요. 금수강산은 비단에 수를 놓은 것처럼 아름다운 산천이라는 뜻으로, 우리나라의 산천을 나타내는 말이에요. 그러면 삼천리는 얼마나 되는 거리일까요? '리'라는 단위는 지금은 잘 사용하지 않지만 예전에는 많이 사용했던 길이의 단위예요. 보통 10리를 4km 정도로 봅니다. 이걸 기준으로 계산해 보면 삼천리는 1,200km가 조금 안 되는 거리입니다. 그렇다면 우리나라는 정말 삼천리가 맞을까요? 네. 함경도의 끝자락과 제주군 마라도의 남쪽까지의 길이가 1,100km가 조금 넘는 거리로 대략 3,000리가 맞다고 합니다.

콩으로 메주를 쑨다 해도 곧이듣지 않는다

메주는 콩을 삶아서 찧은 다음 덩어리지어서 말린 것이에요. 주로 간장, 된장, 고추장의 원료로 사용합니다. 그런데 콩으로 메주를 쑨다 하여도 믿지 않는다니 평소에 얼마나 신뢰를 잃었는지 알 수 있겠네요. 거짓말을 잘하는 사람의 말은 당연한 사실이라도 믿지 않는 것을 뜻하는 표현입니다.

잠깐! 똑똑해진 남매의 퀴즈

이번 속담과 같은 의미를 지닌 표현에는 어떤 것이 있을까?

'소금으로 장을 담근다 해도 곧이듣지 않는다',
'콩 가지고 두부 만든대도 곧이 안 듣는다' 등이 있어.

어지간히도 거짓말을 했나 보네. 믿는 게 없으니 말이야.
혹시 반대되는 표현도 있을까?

'콩을 팥이라 해도 곧이듣는다',
'팥으로 메주를 쑨대도 곧이듣는다' 등의 표현이 있어.

비유적인 표현이긴 하지만
그 말을 믿는다는 것도 문제가 있는 것 같아.

『농가월령가』에도 나오는 메주 쑤기

『농가월령가』는 조선 시대 헌종 때 실학자 정학유가 지은 책이에요. 1월부터 12월까지의 다양한 농사 기술과 풍습에 대한 내용을 노래로 기록한 것으로 서민 문화를 연구하는 데 귀중한 자료입니다. 『농가월령가』의 11월에는 다음 내용이 기록되어 있어요.

"부녀야. 네 할 일이 메주 쑬 일 남았구나. 익게 삶고 매우 찧어 띄워서 재워 두소."

메주를 쑤는 일이 꼭 해야 하는 일이라는 내용도 있고, 실제로 메주를 만드는 방법을 간단히 잘 정리해 놓았어요. 메주 쑤기는 일반적으로 콩을 삶아서 찧은 다음 모양을 만들어 말려서 띄우는 순으로 진행되거든요.

티끌 모아 태산

먼지나 모래 같은 아주 잔 부스러기도 모이고 모인다면 오랜 시간이 지난 후 큰 산이 될 수 있을지도 모릅니다. 이 속담은 아무리 작은 것이라도 모이고 모이면 나중에 큰 것이 된다는 뜻입니다.

잠깐! 똑똑해진 남매의 퀴즈

이번 속담과 비슷한 표현에 뭐가 있을까?

'개미 금탑 모으듯', '모래알도 모으면 산이 된다', '실도랑 모여 대동강이 된다' 등이 있어.

다른 두 개는 비유적인 표현인데 마지막 속담은 조금 과학적인 것 같은데?

외국 속담에도 비슷한 게 있어.

어떤 것?

'작은 물방울이 모여 큰 바다를 이룬다'는 표현이야.

대장장이를 다시 일어서게 한 쇳조각

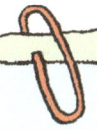

조선 시대 선조와 광해군 시절의 명재상으로 이름을 날렸던 이항복 선생의 어릴 때 일이에요. 이항복은 어릴 때 대장간에 가서 놀기를 좋아했는데 집으로 올 때마다 버려지는 작은 쇳조각을 하나씩 주워 왔어요. 어느 날 대장장이가 도박을 하여 물건을 만들 쇠마저 없는 지경에 이르자 이항복은 자신이 모았던 쇳조각을 대장장이에게 주며 다시 시작해 보라고 설득했어요. 대장장이는 크게 반성하고, 다시 일을 시작하게 되었답니다. 이 일을 들은 사람들 사이에서 티끌 모아 태산이라는 말이 생겨났고 지금까지 전해지게 되었어요.

팔십 노인도 세 살 먹은 아이한테 배울 것이 있다

나이가 많다고 항상 옳은 이야기를 할까요? 그렇지 않을 수도 있습니다. 나이에 관계없이 누구의 이야기라도 귀 기울여 들어야 해요. 비록 세 살 먹은 아이의 이야기일지라도 말이에요. 이 속담은 어린아이에게도 때로는 귀담아들을 말이 있다는 뜻입니다.

잠깐! 똑똑해진 남매의 퀴즈

세 살과 관련된 속담에는 어떤 게 있어?

'세 살 적 버릇이 여든까지 간다', '세 살 난 아이 물가에 놓은 것 같다', '세 살 먹은 아이도 제 손의 것 안 내놓는다'가 있지.

첫 번째 속담은 습관이 중요하다는 뜻인 것 같네.
두 번째, 세 번째는 무슨 뜻이야?

두 번째 속담은 무슨 일이 일어날 것 같아 마음을 놓을 수 없다는 뜻이고, 세 번째 속담은 사람은 누구나 제 것은 내놓기 싫어한다는 것을 뜻해.

호오~ 세 번째는 너무 맞는 말이라 반박 불가네.

우리나라 사람은 나이가 세 개?

우리는 일상생활에서 '세는 나이'를 사용해요. 태어나면 바로 한 살이 되는 거지요. 놀랍게도 '세는 나이'를 사용하는 나라는 우리나라밖에 없다고 해요. 다른 나라에서는 모두 '만 나이'를 사용해요. '만 나이'는 태어난 날을 기준으로 매년 생일마다 한 살씩 더해서 계산하는 방법이에요. 우리나라도 대부분의 법에서는 '만 나이'를 기준으로 해요. 다만 병역법과 청소년보호법은 행정 편의성을 위해 연 나이(현재 연도-출생 연도)를 사용해요.

그래서 2012년 11월에 태어난 어린이는 2021년 7월 기준으로 보면 '세는 나이'는 10살, '만 나이'는 8살, '연 나이'는 9살이 돼요. 여러 가지 면에서 혼란과 어려움이 있기 때문에 점차 나이 계산 방식을 통일하자는 목소리가 높아지고 있는 상황이랍니다.

하늘이 무너져도 솟아날 구멍이 있다

하늘이 무너지는 것은 아주 큰 고난과 시련을 뜻해요. 솟아날 구멍은 어려움을 헤쳐 나갈 방안, 방도 등을 뜻합니다. 이 속담은 아무리 어려운 상황이라도 해결할 방법은 있다는 뜻입니다.

잠깐! 똑똑해진 남매의 퀴즈

 하늘과 관련된 표현에는 어떤 것이 있을까?

'손가락으로 하늘 찌르기'가 있어. 가능성이 전혀 없는 짓을 하는 것을 뜻한다고 해.

 '손바닥으로 하늘 가리기'라는 표현도 있어. 불리한 상황에 대하여 임기응변식으로 대처하는 것을 말한대.

'하늘 높은 줄은 모르고 땅 넓은 줄만 안다'라는 표현은 함부로 사용하면 안 되겠는데?

 그러네. 키가 작고 뚱뚱한 사람을 농담조로 이르는 말이라고 해.

아무리 농담이라도 함부로 했다가는 '싸우자'와 같은 뜻으로 사용될 것 같아.

천상열차분야지도각석

국립고궁박물관에는 가로세로 길이가 2m가 넘는 검은색 돌비석이 있어요. 바로 국보 228호 천상열차분야지도각석입니다. 천상열차분야지도각석은 우리나라의 밤하늘을 돌에 새긴 천문도로서 세계에서 두 번째로 오래된 천문도예요. 돌에 새겨진 천문도는 고구려 시대에 처음 만들어졌는데, 전쟁 중에 잃어버리고 인쇄본도 찾기 힘든 상황이었어요. 그런데 조선이 세워진 뒤 어떤 이가 고구려 시대 천문도의 탁본을 진상하였어요. 이에 조선 태조는 크게 기뻐하였지요. 이를 바탕으로 학자들의 수정을 거쳐 탄생한 것이 천상열차분야지도예요. 조선 시대 당시의 높은 천문학 수준을 엿볼 수 있답니다.

형만 한 아우 없다

동생들은 형이나 언니, 오빠를 보고 배울 때가 많아요. 그것은 먼저 태어난 형이 동생보다 지식이나 경험이 많기 때문이에요. 그래서 이 속담은 모든 일에서 형이 동생보다 낫다는 뜻으로 쓰여요. 형이 동생을 생각하는 마음에 비해 동생은 그에 미치지 못한다는 뜻으로 쓰이기도 해요.

잠깐! 똑똑해진 남매의 퀴즈

 이번 속담과 비슷한 표현에는 뭐가 있는지 알아?

알아. '아비만 한 자식 없다'.

 응. 아무리 자식이 훌륭하게 되어도 부모만큼은 아니라는 뜻이지. 자식이 아무리 부모를 공경해도 부모가 자식을 사랑하는 것만 못하다는 뜻도 있어. 그럼 이번 속담과 반대되는 표현에는 어떤 게 있게?

'나중 난 뿔이 우뚝하다'는 속담이 있대.

 그래? 이리 와. 지금 내가 머리에 뿔 만들어 줄게.

저리 안 가?

사촌은 왜 사촌일까요?

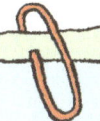

흔히 삼촌, 사촌 형과 같이 촌이라는 말을 사용해서 친척들을 표현해요. 이러한 것을 촌수라고 하는데 촌수는 나를 중심으로 친척 간에 얼마나 가깝고 먼지를 이해하는 방식이에요. 부모 자식 간에는 일촌, 형제간에는 이촌이에요. 이것만 알면 촌수를 계산하는 게 아주 쉬워요.

그럼 사촌 형이 왜 사촌 형이 되는지 계산해 볼게요. 먼저 나와 아버지의 관계는 일촌, 아버지와 큰아버지와의 관계는 형제니까 이촌 그리고 큰아버지와 큰아버지의 아들(사촌 형)은 일촌이에요. 이걸 모두 더하면 사촌이 된답니다. 그래서 사촌 형, 동생이 되는 거지요.

호미로 막을 것을 가래로 막는다

호미와 가래는 흙을 파헤치는 농기구로 호미는 크기가 작고 가래는 큽니다. 이 속담은 호미와 같은 작은 기구로 처리할 수 있는 일을 더 큰 기구로 막는다는 뜻으로 적은 힘으로 충분히 처리할 수 있는 일에 쓸데없이 많은 힘을 들이는 경우, 혹은 일이 커지기 전에 처리했으면 작은 일인데 그걸 방치하다가 큰 일이 되어 더 큰 힘으로 처리하게 된 경우를 이르는 말입니다.

잠깐! 똑똑해진 남매의 퀴즈

 호미나 가래가 사용된 속담이 또 있을까?

 '미장이에 호미는 있으나 마나'가 있네.

 미장이는 건축할 때 시멘트나 흙을 바르는 사람인데, 그런 분들에게는 호미가 별로 필요 없다는 뜻인가?

 그런 것 같아. 남에게는 요긴한 물건일지라도 자기한테는 아무 소용이 없음을 뜻한다고 해.

 그렇구나. '늘 쓰는 가래는 녹이 슬지 않는다'는 속담도 있어.

 무슨 뜻이야?

 계속 노력하는 사람은 남보다 뒤떨어지지 않고 발전한다는 말이래.

외국에서도 인기가 많은 호미

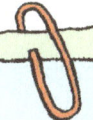

호미는 삼각형 모양의 쇠붙이에 자루를 연결하여 사용하는 연장이에요. 우리나라 고유의 연장으로, 통일 신라 시대 안압지에서 출토된 유물 중에서도 발견되었을 만큼 역사가 오래된 도구입니다. 호미는 양쪽에 날이 있는데 한쪽은 얇아서 잡초를 베는 데 사용하고, 반대쪽 두꺼운 날은 흙을 파서 고랑을 만들 때 사용해요. 우리에게는 비교적 익숙한 농기구이지만 외국에서는 흔하지 않은 농기구인데, 한 외국의 인터넷 사이트에서 판매를 시작하면서 그 편리함에 반한 외국인들에게 인기가 무척 많다고 합니다.

호랑이 굴에 가야 호랑이 새끼를 잡는다

아무리 새끼라지만 맹수인 호랑이를 잡는 것은 쉽지 않겠지요. 게다가 새끼라면 어미의 보호를 받고 있을 테니 더 쉽지 않을 것 같습니다. 하지만 정말로 호랑이 새끼를 잡기를 원한다면 그런 어려움을 극복해야겠지요. 이처럼 자신이 원하는 결과를 얻으려면 그에 합당한 일을 해야 함을 이르는 표현입니다.

잠깐! 똑똑해진 남매의 퀴즈

 호랑이와 관련된 속담에는 어떤 게 있을까?

'호랑이는 죽어서 가죽을 남기고 사람은 죽어서 이름을 남긴다'가
제일 유명한 것 아닐까?

 난 이것! '호랑이도 제 말 하면 온다'.

음, 좋은 말이지. 그런데 그 사람 없다고 흉보는 건 안 되는 거지.

 '여우를 피해서 호랑이를 만났다'도 재미있는 표현 같아.

갈수록 더 힘든 일을 겪는다는 뜻이네. 그런 일 없었으면 좋겠다.

힘과 용맹을 상징하는 호랑이

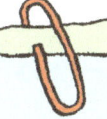

호랑이는 우리나라를 대표하는 동물이에요. 그래서 우리나라에서 열린 두 번의 올림픽 모두 호랑이를 모티브로 마스코트를 만들었어요. 1988년 서울올림픽의 호돌이, 2018년 평창동계올림픽의 수호랑이에요. 예로부터 호랑이는 동물들의 왕으로 여겨졌어요. 강한 힘과 용맹을 상징하기도 했고요. 그래서 새해가 되면 대문이나 벽에 호랑이 그림을 그리기도 하고, 호랑이 그림을 선물하기도 했어요. 그렇게 하면 집안에 나쁜 일을 일으키는 귀신이나 질병 등이 들어오지 못하게 막아 준다고 믿었기 때문입니다.

호랑이는 죽어서 가죽을 남기고 사람은 죽어서 이름을 남긴다

호랑이가 죽으면 신체는 약재로, 발톱은 노리개로 사용되기도 했어요. 하지만 최고로 취급한 것은 호랑이 가죽이었지요. 그렇다면 사람이 죽어서 남길 수 있는 것은 무엇일까요? 바로 존경할 만한 됨됨이를 가졌거나 훌륭한 삶을 산 사람의 이름이 아닐까요? 이 속담은 호랑이가 죽은 뒤 귀한 가죽을 남기듯 사람은 훌륭한 일을 하여 후세에 빛나는 이름을 남겨야 한다는 뜻입니다.

잠깐! 똑똑해진 남매의 퀴즈

 이름과 관련된 속담에는 어떤 것이 있을까?

'이름난 잔치 배고프다'가 있어.

 '소문난 잔치에 먹을 것 없다'와 같은 뜻인가 보네.

응, 맞아. 그리고 '이름도 성도 모른다'는 표현도 있네.

 '이름도 몰라요, 성도 몰라~'. 노래 가사 아니었어?

흐흐~ 어떤 사람에 대해서 아무것도 알지 못한다는 뜻이래.

신념을 지킨 왕언장

중국 양나라에 왕언장이라는 장수가 있었어요. 그는 입버릇처럼 "호랑이는 죽어서 가죽을 남기고 사람은 죽어서 이름을 남긴다."는 말을 하곤 했지요. 어느 날 양나라가 침입을 받아 왕언장이 용감히 맞서서 싸웠지만 결국 패배하고 사로잡히고 말았어요. 왕언장의 용맹함을 알고 있던 다른 나라의 왕은 왕언장에게 자신의 부하가 되라고 하였지만 왕언장은 단호히 거절하고 결국 처형되고 말았어요. 그는 자신의 신념을 지키고 후세에 이름을 남기게 되었지요.

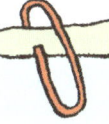